Kauderwelsch
Band 33

Impressum

Florian Reissinger
Tibetisch — Wort für Wort
erschienen im
REISE KNOW-HOW Verlag Peter Rump GmbH
Osnabrücker Str. 79, D-33649 Bielefeld
info@reise-know-how.de

Bearbeitung	Peter Rump
Layout	Elfi H. M. Gilissen
Layout-Konzept	Günter Pawlak, FaktorZwo! Bielefeld
Umschlag	Peter Rump
Kartographie	Iain Macneish
Fotos	Elfi H. M. Gilissen
Druck und Bindung	Media-Print Informationstechnologie GmbH, Paderborn

ISBN 978-3-89416-541-3
Printed in Germany

Dieses Buch ist erhältlich in jeder Buchhandlung Deutsch-
lands, Österreichs, der Schweiz und der Benelux-Staaten.
Bitte informieren Sie Ihren Buchhändler über folgende
Bezugsadressen:

Deutschland Prolit GmbH, Postfach 9, 35461 Fernwald (Annerod)
sowie alle Barsortimente
Schweiz AVA-buch 2000, Postfach 27, CH-8910 Affoltern
Österreich Mohr Morawa Buchvertrieb GmbH
Sulzengasse 2, A-1230 Wien
Belgien & Niederlande Willems Adventure, www.willemsadventure.nl
direkt Wer im Buchhandel kein Glück hat, bekommt unsere Bücher
zuzüglich Porto- und Verpackungskosten auch direkt
über unseren Internet-Shop: **www.reise-know-how.de.**
Zu diesem Buch ist ein **AusspracheTrainer** erhältlich, auf
Audio-CD in jeder Buchhandlung Deutschlands, Österreichs,
der Schweiz und der Benelux-Staaten oder als
MP3-Download unter www.reise-know-how.de
Der Verlag möchte die **Reihe Kauderwelsch** weiter ausbauen
und **sucht Autoren**! Mehr Informationen finden Sie unter
www.reise-know-how.de/rkh_mitarbeit.php

Kauderwelsch

Florian Reissinger

Tibetisch

Wort für Wort

REISE KNOW-HOW
im Internet
www.reise-know-how.de
info@reise-know-how.de

*Aktuelle Reisetipps
und Neuigkeiten,
Ergänzungen nach
Redaktionsschluss,
Büchershop und
Sonderangebote
rund ums Reisen*

Kauderwelsch-Sprechführer sind anders!

Warum? Weil sie Sie in die Lage versetzen, wirklich zu sprechen und die Leute zu verstehen.

Wie wird das gemacht? Abgesehen von dem, was jedes Sprachbuch bietet, nämlich Vokabeln, Beispielsätze etc., zeichnen sich die Bände der Kauderwelsch-Reihe durch folgende Besonderheiten aus:

Die **Grammatik** wird in einfacher Sprache so weit erklärt, dass es möglich wird, ohne viel Paukerei mit dem Sprechen zu beginnen, wenn auch nicht gerade druckreif.

Alle Beispielsätze werden doppelt ins Deutsche übertragen: zum einen **Wort-für-Wort**, zum anderen in „ordentliches" Hochdeutsch. So wird das fremde Sprachsystem sehr gut durchschaubar. Denn in einer fremden Sprache unterscheiden sich z.B. Satzbau und Ausdrucksweise recht stark vom Deutschen. Ohne diese Übersetzungsart ist es so gut wie unmöglich, schnell einzelne Wörter in einem Satz auszutauschen.

Die **Autorinnen** und **Autoren** der Reihe sind Globetrotter, die die Sprache im Land selbst gelernt haben. Sie wissen daher genau, wie und was die Leute auf der Straße sprechen. Deren Ausdrucksweise ist nämlich häufig viel einfacher und direkter als z.B. die Sprache der Literatur oder des Fernsehens.

Besonders wichtig sind im Reiseland **Körpersprache, Gesten, Zeichen** und **Verhaltensregeln**, ohne die auch Sprachkundige kaum mit Menschen in guten Kontakt kommen. In allen Bänden der Kauderwelsch-Reihe wird darum besonders auf diese Art der nonverbalen Kommunikation eingegangen.

Kauderwelsch-Sprechführer sind keine Lehrbücher, aber viel mehr als Sprachführer! Wenn Sie ein wenig Zeit investieren und einige Vokabeln lernen, werden Sie mit ihrer Hilfe in kürzester Zeit schon Informationen bekommen und Erfahrungen machen, die „sprachlosen" Reisenden verborgen bleiben.

Inhalt

Grammatik

Konversation

Inhalt

Anhang

Vorwort

Im Gegensatz zu vielen Teilen der Welt können Sie in Tibet kaum etwas mit Englisch anfangen – es sei denn, Sie bleiben in Lhasa oder sprechen nur mit Exiltibetern in Nepal und Indien. Wenn Sie Hochchinesisch beherrschen, können Sie hingegen mit vielen Tibetern sprechen. Aber die Tibeter sind sehr erfreut, wenn Sie nicht nur die Sprache ihrer Besatzer sprechen, sondern auch ihre eigene Sprache können. Sie sind ein gastfreundliches Volk, das Besucher (vor allem nicht-chinesische) sehr schätzt.

Dieser kleine Sprachführer wird Ihnen dabei helfen, sich in einem Nomadenzelt oder einem tibetischen Haus wiederzufinden, zum ersten Mal tch'ang – tibetisches Gerstenbier – oder b'ödch'a – Tee mit Salz und Yakbutter – zu trinken, oder selbst tsampa – Gerstenmehl mit Buttertee – in einer Trinkschale zu mischen und getrocknetes jagsch'a – Yakfleisch – zu kosten. Es hilft, sich wirklich verständigen zu können.

Tibet ist groß, und traditionell besteht es aus den drei geographisch und politisch verschiedenen Teilen Kham, Amdo und Zentraltibet (mit Lhasa). Daher wird man Sie nicht immer einwandfrei mit dem Lhasa-Tibetischen verstehen. Ich wünsche Ihnen jedoch viel Freude beim sprachlichen Entdecken der vielfältigen tibetischen Kultur.

Hinweise zur Benutzung

Der Kauderwelsch-Sprechführer Tibetisch enthält einen Grammatikteil, einen Konversationsteil und Wörterlisten. Die Grammatik bietet das Wesentliche übersichtlich und kompakt dar. Ausnahmen und Unregelmäßigkeiten sind oft nicht erklärt, da diese den Lernenden in manchen Fällen eher verwirren, anstatt zum Verständnis beizutragen. Hier werden auch die Grundregeln der verwendeten Lautschrift vermittelt – eine einfach zu lesende Lautschrift ohne jegliche Sonderzeichen. Wer nach der Lektüre gern noch tiefer in die tibetische Sprache einsteigen möchte, findet im Anhang eine kleine Literaturliste mit weiterführenden Lehrbüchern.

Der Konversationsteil vermittelt die im alltäglichen Sprachgebrauch wichtigen Redewendungen und Ausdrücke. Um die sich vom Deutschen unterscheidende Wortfolge tibetischer Sätze zu verstehen, ist die Wort-für-Wort-Übersetzung in kursiver Schrift gedacht. Jedem tibetischen Wort entspricht ein Wort oder eine durch Bindestrich zusammengehaltene Wortkombination in der Wort-für-Wort-Übersetzung. Sie bekommen hier nicht nur vorgefertigte Sätze, sondern auch viele kleine Wortlisten mit denen Sie die Sätze selbst je nach Bedarf variieren können. Darüber hinaus werden die wichtigsten Sätze zum Daraufzeigen in tibetischer Schrift geschrieben, falls Sie sich überhaupt nicht verständlich machen können.

Die Wörterlisten im Anhang enthalten einen Grundwortschatz von jeweils rund 1000 Einträgen Deutsch-Tibetisch und Tibetisch-Deutsch, mit denen man schon eine ganze Menge anfangen kann. Hier sind dann auch die Töne für die tibetischen Wort angegeben, die wir sonst weggelassen haben, weil alles auf einmal wirklich zu verwirrend wäre.

Die Umschlagklappe hilft, die wichtigsten Sätze und Formulierungen stets parat zu haben. Hier finden sich außerdem die wichtigsten Angaben zur Aussprache und den Tönen. Weiterhin eine kleine Liste der wichtigsten Fragewörter, Orts- und Richtungsangaben. Wer ist nicht schon einmal aufgrund missverstandener Gesten im fremden Land auf die falsche Fährte gelockt worden?

Aufgeklappt ist die Umschlagklappe eine wesentliche Erleichterung, da nun die gewünschte Satzkonstruktion mit dem entsprechenden Vokabular aus den einzelnen Kapiteln kombiniert werden kann.

Wenn alles nicht mehr weiterhilft, dann ist vielleicht das Kapitel „Nichts verstanden? – Weiterlernen!" der richtige Tipp. Es befindet sich ebenfalls im Umschlag, stets bereit, mit der richtigen Formulierung für z. B. „Ich verstehe leider nicht." oder „Können Sie das bitte wiederholen?" auszuhelfen.

Seitenzahlen

Um Ihnen den Umgang mit den Zahlen zu erleichtern, wird auf jeder Seite die Seitenzahl auch in Tibetisch angegeben!

Tibeter und ihre Sprache

Tibet als kulturelle und historische Einheit war und ist viel größer als das heutige Autonome Gebiet Tibet in der VR China – nämlich annähernd doppelt so groß. Dieses Tibet im weiteren Sinne setzt sich aus den Regionen B'öh, Amdo, K'am und Ari zusammen. Dazu kommen noch Gebiete jenseits der Grenze, die von tibetischer Kultur und Sprache geprägt bzw. von eng verwandten Völkern bewohnt sind (z. B. Bhutan und Ladakh).

Die tibetische Sprache – b'ökäh – ist eine der etwa 250 tibeto-birmanischen Sprachen, zu denen außerdem noch das Birmanische und zahlreiche weniger bekannte Sprachen des Himalaya-Raums, Südchinas und Südostasiens gehören (z. B. Yi, Naxi, Bai, Lahu, Hani, Qiang, Newar, Karen, Meithei). Mit dem Chinesischen ist Tibetisch nur sehr entfernt verwandt (Tibeto-Birmanisch und Chinesisch bilden gemeinsam die sino-tibetische Überfamilie), mit den indischen Sprachen überhaupt nicht. Tibetisch wird heute auf einem Gebiet von über 2 Mio. km² von ca. 6 Mio. Menschen gesprochen. Gemessen an der Größe des Gebietes, in dem Tibetisch gesprochen wird, ist die Sprache in sich relativ einheitlich geblieben. Zwischen den drei großen Dialektgruppen, in die sich das Tibetische aufteilt, kann die Verständigung dennoch manchmal schwierig werden. Diese drei

Wenn es zu Verständigungsproblemen kommt, greifen Tibeter verschiedenen Dialekthintergrunds oft auf Hochchinesisch (Mandarin) als Lingua franca zurück. Dies gilt natürlich nicht für die Exiltibeter.

Die Tibeter und ihre Sprache

Hauptgruppen heißen utsang, gesprochen in Zentraltibet (ukäh in Lhasa und tsangkäh in Shigatse und Gyantse), amdokäh im Nordosten und k'amkäh im Osten, wobei utsang die Rolle der Hochsprache spielt. Zusätzlich gibt es durchaus noch einige Minderheitensprachen in Tibet: Qiang-Dialekte in Osttibet, Monpa- und Lhoba-Dialekte in Südtibet, Mongol, Tu und Salar im Nordosten, usw.

Die Einwohner von Lhasa nennen ihre Stadt lhässa. *Ihre Sprache wird daher einfach* lhassakäh *oder* lhässakäh *genannt.*

Eine weitere wichtige Unterscheidung betrifft die sozialen Sprachebenen des Tibetischen. Wie auch in anderen Sprachen Asiens ist der volkstümlich-umgangssprachliche Stil deutlich von der besonders höflichen, aber ebenfalls mündlich gebrauchten Sprachebene (im Tibetischen schessa genannt) getrennt, was sich zumeist in Wortschatz und Anredeformen zeigt. Der schessa-Stil ist besonders in Lhasa anzutreffen. Auf ihn wird in diesem Buch immer wieder Bezug genommen, auch wenn in vielen Situationen der volkstümliche Stil, aus dem die meisten der hier verwendeten Ausdrücke stammen, durchaus akzeptabel ist. „Umgangssprache" ist im asiatischen Kontext übrigens ganz und gar nicht gleichbedeutend mit Slang oder ähnlichem.

Als weitere Stilebene kann man das klassische Tibetisch betrachten. Dieses ist eine ausschließlich schriftlich (und dann zumeist für religiöse und philosophische Texte) gebrauchte alte Sprachform, die in etwa die Rolle des Lateinischen in der europäischen Kultur innehat.

Die Bewohner der drei großen Regionen Zentraltibet, Amdo und K'am zeigen nicht nur sprachlich, sondern auch in ihrem täglichen Verhalten gewisse Unterschiede. Wenn man überhaupt derart pauschalisieren kann, so gelten unter den Tibetern die Amdowa als besonders aufrichtig und ehrlich. Sie sind tief religiös, nehmen die Mühen langer Pilgerreisen nach Zentraltibet auf sich und spenden erhebliche Beträge für die Renovierung der Klöster. Sie sind recht friedlich und werden es nicht so schnell zu Streit oder Schlägerei kommen lassen wie womöglich die K'ampa. Sie treten natürlich-zurückhaltend auf und fragen Fremden „kein Loch in den Bauch". Die Amdowa sind hauptsächlich Nomaden.

Die Ackerbau und Handel treibenden K'ampa sind bekannt als sehr selbstbewusst, direkt, stolz und kriegerisch. Sie tragen gerne Waffen. Man erkennt die Männer an einem mit Bändern durchflochtenen und um den Kopf gelegten Zopf oder an offen getragenem langem Haar.

Die B'öpa aus Zentraltibet gelten als eher vorsichtig und weniger wagemutig. Als Ackerbauern stammen sie oft von Familien ab, die auf feudalem Großgrundbesitz arbeiteten. Sie standen unter weit größerem Einfluss der alten Zentralregierung als die Bewohner der beiden Randprovinzen. Die Adligen (kudrah), ursprünglich an keine Region gebunden, erhielten ihren Landbesitz von der Regierung als Lehen. Deshalb konzentrierte sich der gesellschaftliche Einfluss dieser Familien auf Zentraltibet (besonders Lhasa). So ist auch der Gebrauch des schessa-Stils dort weit üblicher als in K'am, dessen Dialekt in Lhasa wiederum als recht grob empfunden wird.

Karte des tibetischen Sprachraumes

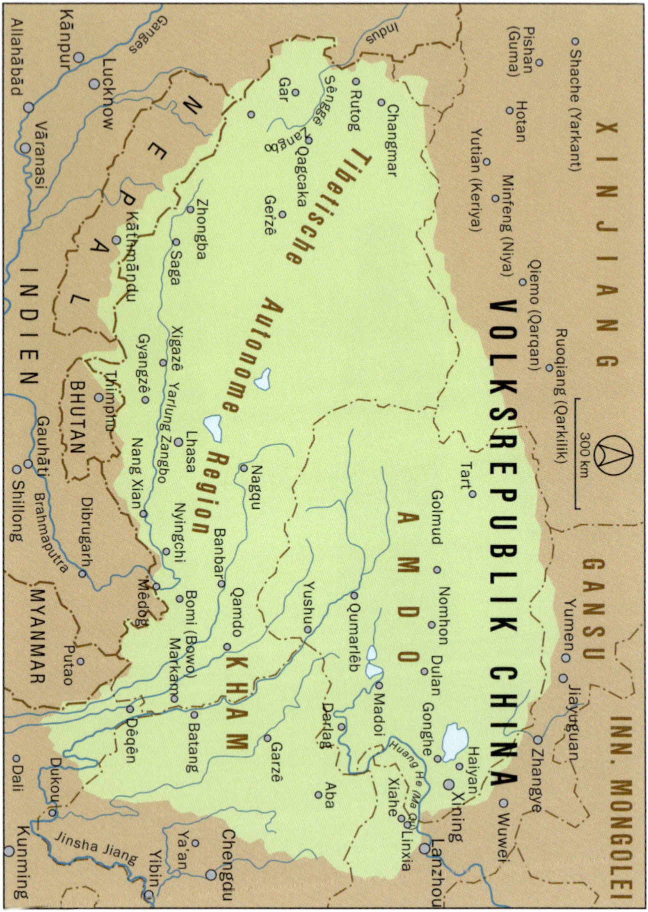

X I N J I A N G

V O L K S R E P U B L I K   C H I N A

G A N S U

INN. MONGOLEI

Tibetische Autonome Region

AMDO

KHAM

INDIEN

NEPAL

BHUTAN

MYANMAR

300 km

- Shache (Yarkant)
- Pishan (Guma)
- Hotan
- Minfeng (Niya)
- Yutian (Keriya)
- Qiemo (Qarqan)
- Ruoqiang (Qarkilik)
- Changmar
- Rutog
- Gar
- Qagcaka
- Gerzê
- Zhongba
- Saga
- Gyangzê
- Xigazê
- Thimphu
- Nang Xian
- Lhasa
- Yarlung Zangbo
- Nyingchi
- Nagqu
- Banbar
- Qamdo
- Bomi (Bowo)
- Markam
- Yushu
- Qumarlêb
- Madoi
- Dêlag
- Aba
- Garzê
- Dêqên
- Batang
- Ya'an
- Chengdu
- Yibin
- Medog
- Tart
- Golmud
- Nomhon
- Dulan
- Gonghe
- Xiahe
- Linxia
- Lanzhou
- Xining
- Haiyan
- Wuwei
- Zhangye
- Jiayuguan
- Yumen
- Allahābād
- Kānpur
- Luckhow
- Vārānasi
- Kathmāndu
- Gauhāti
- Dibrugarh
- Putao
- Shillong
- Dali
- Kunming
- Dukou
- Chamdo

Ganges
Indus
Sênggê Zangbo
Brahmaputra
Huang He (Gelber Fluss)
Jinsha Jiang

Die tibetische Schrift

Die tibetische Schrift (b'üjih) ist eine Buchstabenschrift, die von tibetischen Gelehrten im 7. Jahrhundert nach indischem Vorbild entworfen wurde. Mit den Buchstaben werden aber nur die Mitlaute (Konsonanten) geschrieben; die Selbstlaute (Vokale) dagegen werden durch kleine Zusatzzeichen über oder unter dem Buchstaben separat markiert. In unserer Schrift sähe also „morgen Mittag" nach tibetischer Art geschrieben so aus:

Dieser Buchstabe steht immer für den dem Vokal vorangehenden Konsonanten.

Der Selbstlaut **a** wird dabei nie markiert. Er ist der Grund-Selbstlaut zu einem jeden Mitlaut. Die markierten vier Selbstlaute sind:

Dies bedeutet, dass man automatisch ein a ergänzen muss, wenn kein anderer Vokal per Zusatzzeichen angegeben ist.

Kombiniert mit dem k aus der nachfolgenden Buchstabenliste ergeben sich folgende Silben:

ka ki ku ke ko

Die 30 Grundbuchstaben (also Mitlaute) sind in tibetischer Reihenfolge:

Die tibetische Schrift

Eine weitere Schwierigkeit ist, dass die tibetische Schrift weitgehend die (ursprüngliche) Aussprache der klassischen Sprachstufe festhält, es also keine genaue Übereinstimmung zwischen Schriftbild und moderner Aussprache gibt (wie z. B. auch im Englischen). Allerdings wird die Schrift dadurch aber teilweise „dialektübergreifend".

1. **k**	2. **k'**	3. **g'**	4. **ng**
5. **tch**	6. **tch'**	7. **dch'**	8. **nj**
9. **t**	10. **t'**	11. **d'**	12. **n**
13. **p**	14. **p'**	15. **b'**	16. **m**
17. **ts**	18. **ts'**	19. **ds'**	20. **w**
21. **sch**	22. **s**	23. *****	24. **j**
25. **r**	26. **l**	27. **sch'**	28. **ss**
29. **h**	30. *****		

*23 und 30 fungieren nur als „stumme" Träger von Selbstlautzeichen. Man braucht sie, wenn eine Silbe mit einem Selbstlaut beginnt.

Zwischen den einzelnen Wörtern eines Satzes steht kein Leerzeichen zur Trennung.

Die tibetische Schrift kennt mindestens zwei Arten von Kursivschriften und hat natürlich auch eigene Zahlzeichen.

Im vorliegenden Band verwenden wir eine einfach lesbare Umschrift für die zentraltibetische Umgangssprache. Diese Sprachform gilt sowohl für Lhasa als auch für die tibetische Exilregierung in Indien als Standard.

Aussprache & Betonung

Die Aussprache des Tibetischen ist wohl etwas gewöhnungsbedürftig. Zudem kann sich die Wortbedeutung sofort ändern, wenn man einen Laut nicht ganz korrekt ausspricht, da es viele ähnlich klingende Laute gibt.

Aber erst einmal zu den problemlosen Lauten: j, m und r werden genauso wie im Deutschen ausgesprochen. Diese klingen ähnlich:

Das r wird allerdings mit der Zungenspitze erzeugt.

f	kommt nur in Fremdwörtern vor, wird aber meist wie **p'** gesprochen	kofe-k'ang = *Café*
h	1) wie im Deutschen; 2) am Silbenende ist **-h** kein Mitlaut, sondern zeigt fallenden Ton an	johmare = *es gibt nicht* b'aaleh = *Brot*
l	1) **l**: wie im Deutschen; 2) **lh**: die Zunge produziert ein normales „l", gleichzeitig haucht man aber ein „h", dadurch wird das „l" stimmlos (nicht nacheinander sprechen)	lamkak = *Straße* lhässa = *Lhasa* *lh erinnert im ersten Moment auch etwas an ein sehr weiches „ch".*
n	1) **n**: wie im Deutschen; 2) **nj**: wie in „Sonja"; 3) **ng**: wie in „Inge" (auch Wortanfang!)	nang = *geben* njääkang = *Herberge* nga = *ich*
s	**s** und **ss** beide wie scharfes „ss / ß" in „Maß"; **s** klingt manchmal etwas „summender" (ganz leicht stimmhaft)	sa = *essen* ssu = *wer*
sch	**sch** und **sch'** beide wie stimmloses „sch", aber weicher, in Richtung „ch" in „ich"; **sch** manchmal ganz leicht stimmhaft	namsch'ih = *Wetter* scho = *Jogurt*
w	mit gerundeten Lippen wie in engl. „water" (also nicht wie im Deutschen!)	awa = *Kind*

Stimmlos heißt, dass die Stimmbänder noch nicht beim Mitlaut, sondern erst beim anschließenden Selbstlaut vibrieren. Bei stimmhaften Mitlauten vibrieren die Stimmbänder bereits beim Konsonanten.

Stimmlose Mitlaute stehen mit Hochton in Zusammenhang, stimmhafte mit Tiefton.

Aspiration kann man beobachten, wenn man den Satz „Was macht der Punk auf der Bank?" mit einem Blatt Papier nah vor dem Mund spricht. Das Blatt wird sich beim „b" in „Bank" nicht rühren (keine Aspiration), während es beim Sprechen von „p" in „Punk" durch den Luftstrom bewegt wird (Aspiration).

Vertrackter sind allerdings die „Verschlusslaute" (t/d, k/g, p/b). Dialektal geprägte Deutschsprachige sollten dabei an die hochdeutsche Unterscheidung von z. B. stimmlos „Tank" und stimmhaft „Dank" denken. Einen solchen Unterschied gibt es im Tibetischen auch. Allerdings hängt es hier auch vom Hoch- bzw. Tiefton des folgenden Selbstlaut sowie von der Position des Mitlauts im Wort (Anfang oder Inneres) ab, ob man z. B. „t" oder „d" sprechen muss.

Im Deutschen werden „d", „g", „b" nicht behaucht (aspiriert), während „t", „k", „p" automatisch stark aspiriert werden. Im Tibetischen kommen die stimmlosen Mitlaute aber in aspirierter und nicht-aspirierter Aussprache vor, und dies ist oft bedeutungsunterscheidend. Echte stimmhafte Mitlaute sind zwar immer unaspiriert, aber daneben gibt es noch eine Zwischenstufe, nämlich Konsonanten, die nur leicht stimmhaft und leicht aspiriert gesprochen werden. Damit ergeben sich für die Verschlusslaute gleich vier verschiedene Aussprachevarianten:

stimmlos und aspiriert – „hart"
k', kj', p', t', tch', tr', ts
stimmlos und nicht-aspiriert – „hart"
k, kj, p, t, tch, tr, ts
leicht stimmhaft u. leicht aspiriert – „weicher"
g', gj', b', d', dch', dr', ds'
stimmhaft und nicht-aspiriert – „sehr weich"
g, gj, b, d, dch, dr, ds

Tibetische Mitlaute

p	stimmlos, nicht-aspiriert, wie in frz. „Paris"	pu = *Haar*
p'	stimmlos, stark aspiriert, wie in „Punk"	p'u = *Luft*
b	sehr weich, stimmhaft, nicht-aspiriert, fast als ob man „mb" sagen wollte	bu = *Insekt*
b'	halb stimmhaft, leicht aspiriert, annähernd „bh"	b'u = *Junge*
t	stimmlos, nicht-aspiriert, wie in frz. „Toulouse"	ta = *Pferd*
tch	t + weiches „ch" wie in „ich"	tchi = *eins*
tr	t + amerikanisches „r" (mit nach oben gebogener Zunge)	tränma = *Bohne*
ts	t + „s" (entsprechend dt. „z")	tsong = *Zwiebel*
t'	stimmlos, stark aspiriert, wie in „tief"	t'äh = *fahren*
tch'	t' + weiches „ch" wie in „ich"	tch'u = *Wasser*
tr'	t' + amerikanisches „r" wie in „true" (mit nach oben gebogener Zunge)	tr'om = *Markt*
ts'	t' + „s" (also wie ein aspiriertes „z")	ts'a = *Salz*
d	sehr weich, stimmhaft, nicht-aspiriert, fast als ob man „nd" sagen wollte	di = *dies*
dch	d + weiches „ch" wie in „ich"	dchää = *besuchen*
dr	d + amerikanisches „r" wie in „drive" (mit nach oben gebogener Zunge)	dräh = *Reis*
ds	d + leicht stimmhaftes „s" wie in „Rose"	dsah = *hinaufklettern*
d'	halb stimmhaft, leicht aspiriert, annähernd „dh"	d'a = *jetzt*
dch'	d' + weiches „ch" wie in „ich"	dch'a = *Tee*
dr'	d' + amerikanisches „r"	dr'ogo = *Freund*
ds'	d' + leicht stimmhaftes „s"	ds'üü = *Jade*

kaama = *Minute*	**k**	stimmlos, nicht aspiriert, wie in frz. „Calais"
kjagpa = tchagpa = *Scheiße!*	**kj**	**k** + „j" wie in „Reykjavik" (aber nicht-aspiriert). Kann auch wie **tch** ausgesprochen werden
k'am = *Osttibet*	**k'**	stimmlos, stark aspiriert, wie in „kalt"
kj'erang = tch'erang = *du*	**kj'**	**k'** + „j" wie in „Reykjavik" (aber jetzt, stark aspiriert). Kann auch wie **tch'** ausgesprochen werden
gjah = *satt sein*	**g**	sehr weich, stimmhaft, nicht-aspiriert
gjäh = dchäh = *acht*	**gj**	**g** + „j" wie in „Religion" (stimmhaft). Kann auch wie **dch** ausgesprochen werden
g'adüh = *wann*	**g'**	halb stimmhaft, leicht aspiriert
gj'öö(n) = *Schaden*	**gj'**	**g'** + „j" wie in „Religion", aber leicht stimmhaft und leicht aspiriert. Kann auch wie **dch** ausgesprochen werden

tibetische Selbstlaute

Es gibt an Vokalen a, e, i, o, u, ä, ö, ü sowie deren Kombinationen. Nur a, e, i, o, u werden mit dem tibetischen Alphabet notiert. Dagegen sind ä, ö, ü rein gesprochene Laute. Ferner ändert sich die Aussprache eines Selbstlautes,
1) wenn a, e, o, ö in der Umgebung von i, u, ü stehen;
2) wenn a, e, o, ö vor Tätigkeitswort-Endungen die mit -ge- beginnen, stehen;
3) wenn einem a ein b folgt.

a wird zu gemurmeltem e / ö wie in „hören"	
namsch'ih (nömsch'ih)	Wetter
b'ab (b'öb)	heruntersteigen
nang-gejöh (nönggejöh)	machen + Endung
e wird zu i	
scheenang	Furcht
schiigih	ich habe Angst
o wird zu u	
dr'o	Weizen
dr'uschih	Weizenmehl, Mehl
dro	gehen
drugejin	ich werde gehen
ö wird zu ü	
B'öh	Tibet
b'üjih	die tibetische Schrift

Manchmal betrifft die Abweichung nur die Tonhöhe, ist also für unsere Ohren minimal. Selbstlaute sind normalerweise sehr kurz wie in „Kuss", „Hass", „Topf". Aber es gibt auch lange Selbstlaute; diese werden hier doppelt geschrieben.

Die Töne

Wie die meisten Sprachen zwischen Kaschmir und dem Gelben Meer kennt auch das Tibetische – mit Ausnahme des amdokäh – ein System verschiedener Tonhöhen für Wortsilben, die die Wortbedeutung verändern.

Wenn Sie die Tonhöhen tibetischer Worte einigermaßen richtig treffen, haben Sie gleichzeitig auch die korrekte Betonung.

Aussprache & Betonung

Im Tibetischen, genauer im Lhasa-Standard, kann eine Silbe einen der folgenden Töne tragen:

Bedeutungsunterscheidend ist dabei im Lhasa-Standard nur die Tonhöhe; die Konturen (steigend, fallend, gleichbleibend) sind durch die lautliche Umgebung bedingt und somit nicht ganz so wichtig.

hohe Töne
– gleichbleibender Ton: kurz ā oder lang āā
– fallender Ton: àh
tiefe Töne
– steigender Ton: kurz a̠ oder lang a̠a
– gleichbleibender Ton: kurz a̱ oder lang a̱a
– erst steigender, dann fallender Ton: a̱h
tonlos
– angehängte Silben werden tonlos (unbetont) gesprochen: a

Wie hat man sich die Verwendung von Tönen nun vorzustellen? Wenn man dies mit einem deutschen Wort macht, hört es sich nur lustig an, verändert aber nichts am Sinn des Wortes. Im Tibetischen aber kann sich dadurch die Bedeutung eines Wortes ändern:

Alle fallenden Töne sind in diesem Buch mit einem zusätzlichen, stumm bleibenden -h markiert.

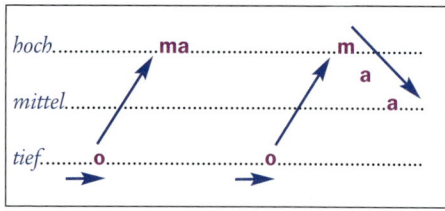

omā
Milch

omàh
jüngere Schwester

Die Töne beziehen sich immer auf eine Silbe. In mehrsilbigen Wörtern kommt es aber immer auf den Ton in der ersten Silbe an.

Glücklicherweise wird das Thema Tonhöhen im Tibetischen nicht so heiß gegessen, wie es hier vielleicht serviert wurde. Ich habe deshalb die Tonhöhen in die Vokabellisten verbannt und hoffe, dass Sie im Laufe der Zeit aktiv den einen oder anderen wichtigen Tonunterschied in die Beispielsätze übertragen.

Betonung in unserem Sinne, also in Form der akustischen Hervorhebung einer bestimmten Silbe im Wort, gibt es im Tibetischen nicht. Man sollte daher alle Silben mit gleichmäßiger Intensität sprechen.

Kauderwelsch-AusspracheTrainer
*Falls Sie sich die wichtigsten tibetischen Sätze, die in diesem Buch vorkommen, einmal von einem Einheimischen gesprochen anhören möchten, kann Ihnen Ihre Buchhandlung den **AusspracheTrainer (Audio-CD)** zu diesem Buch besorgen. Sie bekommen ihn auch über unseren Internetshop **www.reise-know-how.de** Der **AusspracheTrainer** steht auch als **MP3-Download** unter **www.reise-know-how.de** zur Verfügung.*

Wörter, die weiterhelfen

Sind Sie gerade erst mit dem Flugzeug in Lhasa gelandet oder haben über Land die Grenze nach Tibet überschritten, dann kommt Ihnen dieses Kapitel für die allerersten Ausdrücke gerade Recht.

* Ausdruck gehört der respektvollen schessa-Sprachebene an.

nangd'a	Bitte
t'otch'äh(-nang*)	Danke! (Vielen Dank!)
gongpa*-matsung	Entschuldigung
reh /mareh	Ja. / Nein.

... g'apaa duh?
... wo es-gibt
Wo ist ... ?

di (dee) ... repäh?
dieses (hier)... ist-?
Ist das (hier) – ... ?

njääk'ang	Herberge
sak'ang	Esshaus
dch'ak'ang	Teehaus
ssangtch'öh	eine Toilette
modra	Busse, Jeeps
g'alowa, modra tangnjen	Fahrer

tch'oh g'apaa
Richtung wo
Welche Richtung?

Damit Sie mögliche Antworten verstehen:

... dee / p'agää duh	... ist hier / dort
k'angpä gjabla	hinter dem Haus

drongsseb schändahla	im nächsten Dorf
ngää ts'ala	bei mir
di / dee ... reh	Das / Hier ist ...
di / dee ... mareh	Das / Hier ist nicht ...
jäh / jöön	rechts / links
t'äka, k'art'uh	geradeaus
jaa / maa	hinauf / hinunter

nga sch'inggijöh
ich wissen-ich
Weiß ich.

nga shinggimäh
ich wissen-nicht-ich
Weiß ich nicht.

... jöpäh?
es-gibt(-für-mich)-?
Hast du ... ? Haben Sie ... ?

... dukäh?
es-gibt-?
Gibt es ... ?

Auf einen Gegenstand wird mit vorgeschobenem Kinn und gespitzen Lippen gezeigt.

k'angmih	ein Zimmer
njäässa	eine Schlafstelle
t'ama	Zigaretten
b'aaleh	Brot
tch'u	Wasser
dch'a	Tee
sajah	etwas zu essen (Essbares)

jöh	Ja, habe ich.
jore, duh	Gibt es. Haben wir. Ja.
mäh	Nein, habe ich nicht.
jomare	Gibt's nicht. Nein.
minduh	Haben wir nicht. Nein.

drih-ss / drihgere / drihssung = ja, ok

di g'ong g'atsäh reh
dieses Preis wie-viel ist
Wie viel kostet das?

di g'are reh?
dieses was ist
Was ist das?

Besonderheiten des Tibetischen

Der Satzbau ist im Tibetischen ganz einfach, wenn Sie sich merken, dass das Prädikat, also das Tätigkeitswort (Verb), am Satzende steht. Damit ergibt sich die Reihenfolge Subjekt – Objekt – Prädikat. Im Tibetischen sagt man also sozusagen „Ich dich sehe" anstelle von „Ich sehe dich".

weißes Haus
= „Haus weißes"

drei Frauen
=„Frauen drei"

dieser Junge
= „Junge dieser"

im Haus
= „Haus in"

wenn er kommt
= „er kommt wenn"

Eigenschaftswörter (Adjektive), Zahlwörter (Numeralia), hinweisende Fürwörter (Demonstrativpronomen), Verhältniswörter (Präpositionen; besser gesagt „Postpositionen"), Bindewörter (Konjunktionen) stehen im Gegensatz zum Deutschen immer nach ihrem Bezugswort. Nur die besitzanzeigenden Fürwörter (Possessivpronomina) stehen tatsächlich wie im Deutschen vor ihrem Bezugswort, z. B. „meine Schuhe".

Eine weitere Besonderheit des Tibetischen ist die Existenz eines besonders respektvollen Stils (schessa). Für viele tibetische Hauptwörter, Fürwörter und Tätigkeitswörter gibt es somit höfliche(re) Varianten. Als Ausländer, der die Feinheiten des angemessenen sozialen Umgangs nicht genau kennt, ist es ratsam, im direkten Gespräch oder in der Unterhaltung über Dritte schessa-Ausdrücke zu verwenden, außer man spricht mit Kindern und Jugendlichen bzw. über sie. Achten Sie in diesem Buch auf den Asterisk *; dieser dient zur Kennzeichnung der schessa-Ausdrücke.

Hauptwort	normal	schessa
Auge	mih	tchän*
Kopf	go	u*
Hand	lagpa	tch'ah*
Mahlzeit	k'alah	schäälah*
Tee	dch'a	ssöödch'a*
Körper	sugu	kusuh*

Ein Ding, zwei Dinge

Tibetische Hauptwörter sind recht friedliche Zeitgenossen. Sie kennen keinen Artikel („der, die, das") und kein grammatisches Geschlecht. Aber es kommt noch einfacher: sogar die Mehrzahl muss nicht notwendigerweise angezeigt werden: k'angpa heißt somit „Haus, das Haus; Häuser, die Häuser".

Bei Bedarf können Sie allerdings die Mehrzahl durch das Nachstellen von d'etso / d'egäh („diese") hervorheben.

b'omo d'ets'o
Mädchen diese
die(se) Mädchen

tchalah d'egäh
Sache diese
die(se) Sachen

Wird dagegen das Hauptwort durch Zahlwörter ergänzt, ist die Mehrzahl bereits sinngemäß darin enthalten. Eine sprachliche Mehrzahlmarkierung ist daher überflüssig.

kusch'u ssum
Apfel drei
drei Äpfel

Man kann hinweisende Fürwörter (Demonstrativpronomina) natürlich auch unabhängig von der Mehrzahl verwenden. Dazu stellt man di „dieses hier", d'e „das da" oder p'agi „jenes dort" dem Hauptwort nach:

kj'oka di   **d'eb p'agi**
Mann dieser   *Buch jenes*
dieser Mann hier.   jenes Buch dort

Ich & du

Dies sind die wichtigsten persönlichen Fürwörter (Personalpronomina) im Tibetischen:

nga		ich
tch'erang*	**kj'erang***	du (höflich), Sie
	kj'öhrang	du (intim)
	kj'örang	du (höflich intim)
	rang	du (zu Kindern, guten Freunden)
	k'ong*	er / sie (höflich)
	k'o(rang)	er (wenig höflich)
	mo(rang)	sie (wenig höflich)
	ngangtso	wir (Angeredeter nicht inbegr.)
	ngarangtso	wir (Angeredeter inbegriffen)
kj'erangnampa*	**kj'erangtso***	ihr (höflich), Sie (Mz.)
k'o(ra)ngnampa*	**k'ongtso***	sie (höflich)

ngarangtso t'äh*-d'o
wir(inkl.) gehen-!-ich
Gehen wir (und zwar alle)!

ngantso drugejin
wir(exkl.) gehen-werden-ich
Wir gehen (und du / ihr bleib[s]t hier)!

k'ong Gjami reh   **rang dr'okoh gjassung-ngäh**
er Chinese ist   *du Magen gefüllt-?*
Er ist ein Chinese. Bist du satt geworden?

Wenn man sich auf zwei Personen bezieht
(„wir beide" usw.), lauten die Fürwörter:

nganjih	wir beide (ohne dich)
kj'erangnjih*	ihr beide
k'orangnjih*	sie beide

Hier wird njih *(zwei) an die Pronomina angehängt.*

Die Fälle

Jetzt wird es ein wenig komplizierter. Die
verschiedenen Fälle für Hauptwörter und
Fürwörter werden durch Endungen gekennzeichnet. Bei der Auswahl des richtigen Mar-
kers ist es entscheidend, ob das Wort auf
einen Selbstlaut endet oder nicht. Endet es
auf einen Vokal, wird dieser gelängt und in
einen Umlaut umgewandelt (falls möglich):

a ⇨ **ää**; **e** ⇨ **ee**; **i** ⇨ **ii**; **o** ⇨ **öö**; **u** ⇨ **üü**

Die Fälle

Wer-Fall (Nominativ / Absolutiv)

Dies ist die endungslose Grundform des Haupt- und Fürworts. In dieser Form steht häufig das Subjekt und immer das Objekt eines Satzes. Insofern übernimmt sie auch die Rolle unseres Wen-Falls (Akkusativ).

k'alah = Essen   **k'alah schimpu schiputch duh**
Essen lecker sehr es-gibt
Das Essen schmeckt ausgezeichnet.

nga emtchi jin   **di nga njugejin**
ich Arzt bin   *dieses ich kaufen-werden-ich*
Ich bin Arzt.   Das möchte ich kaufen.

Als Wer-Fall dient diese Form aber nur eingeschränkt. Man benutzt sie in allen Zeitstufen, wenn das Verb einen *Zustand* ausdrückt. Drückt das Verb eine *Handlung* aus und hat es ein Objekt bei sich, kann man den Wer-Fall nur bei Sätzen in der Gegenwart und der Zukunft verwenden.

Von-Fall (Instrumental / Ergativ)

Der Von-Fall ist übrigens bei aktiven Sätzen der Gegenwart und Zukunft auch möglich, wenn man das Subjekt hervorheben möchte. Nur in der Vergangenheit ist er aber obligatorisch.

Für Subjekte von Sätzen in der Vergangenheit, die aktive Handlungen ausdrücken, verwendet man aber anstelle des Wer-Falls einen besonderen Fall mit eigener Endung, den Von-Fall. Der Tibeter sagt nämlich nicht „Der hat das gemacht", sondern „Von dem wurde das gemacht", ähnlich unserem Passiv. Bei

Linguisten heißen derartige Konstruktionen übrigens „Ergativ".

Den Von-Fall bildet man nach Mitlauten durch die Endung -gä, bei Selbstlauten aber durch deren Längung plus Umlaut (falls möglich) plus Umwandlung des Tones der Silbe in einen fallenden Ton:

di paalaa*-gä shipare*
dieses Vater-von gekauft
Das hat Vater gekauft.

di k'ong*-gä ngaa ssungdchung*
dieses er-von ich-dem gesagt
Er hat's mir gesagt.

di ngäh juhpajin
dieses ich-von weggeworfen-ich
Das habe ich weggeworfen.

Dieser Fall dient auch zur Kennzeichnung von Instrumenten, mit deren Hilfe eine Handlung zustande kommt („mittels, mit").

ngá (ich) hat ursprünglich einen steigenden Ton. Im Von-Fall steigt dieser erst an und fällt dann im Auslaut wieder ab: ngǎh (ich-von).

döh kub tch'i
Stein-von Hintern abputzen
sich den Hintern mit Kieselsteinen abputzen. (Nicht überall gibt es Klopapier!)

Wes-Fall (Genitiv)

Dessen Marker ist bei Mitlauten -ge und bei Selbstlauten deren Längung plus Umlaut.

Umlaut nur, wenn er lautlich möglich ist.

Die Fälle

D'öndrub-ge amalaa*
D'öndrub-des Mutter
Döndrubs (Mädchenname) Mutter

b'öpa = *(ein) Tibeter* **B'öpää k'alah**
Tibeter-des Essen
Das Essen der Tibeter / tibetisches Essen.

Diese Regel ist auch auf die Fürwörter anwendbar. Auf diese Weise erhält man die besitzanzeigenden Fürwörter (Possessivpronomina) des Tibetischen.

„Mein", „dein", „sein" **ngää g'utung**   meine Hose
usw. werden wie im **kj'erang-ge drönk'ang** dein Hotel
Deutschen immer vor **k'ong-ge ta**   sein Pferd
das Hauptwort, auf das **k'ong-ge dra**   ihr Haar
sie sich beziehen, **ngants'ö ...**   unser ...
gestellt. **kj'erangts'ö ...**   euer ...
k'ongts'ö ...   ihr ...

Anstatt einfache Verhältniswörter (Präpositionen) wie „in" oder „auf" zu verwenden, sagt der Tibeter „im Inneren von" bzw. „auf der Oberseite von". Das Verhältniswort ist also eigentlich ein Hauptwort, von dem wiederum ein Hauptwort im Wes-Fall abhängt. Die Verhältnis-Hauptwörter stehen dabei immer nach ihrem Bezugs-Nomen.

k'angpää nang-la
Hauses Inneres-dem
im Haus (innerhalb des Hauses)

tchogtsee gang-la
Tisch-des Oberseite-dem
auf dem Tisch (auf der Oberfläche des Tisches)

... oh-la	unter ...
... tr'ih-la	neben ...
... dün-la	vor ...
... gjab-la	hinter ...

Da Ort und Richtung nicht unterschieden werden, können k'angpää nang-la *und* tchogtsee gang-la *auch „ins Haus" bzw. „auf den Tisch" heißen.*

Wem-Fall (Dativ)

Dieser wird nach Mitlauten durch -la bzw. bei Selbstlauten durch deren Längung (eigentlich undeutlich gesprochenes -r) gekennzeichnet:

di P'üngk'am-la trähg'o
dieses Püngkam-dem geben-!-ich
Das will ich Püngkam (Jungenname) geben.

di b'omoo trähd'a
dies Mädchen-dem geben-!
Gib das dem Mädchen!

Mit -g'o richtet der Sprecher eine Aufforderung an sich selbst, etwa: „Dann will ich mal ...". -d'a ist hingegen eine Aufforderung an andere.

Das gilt auch für die persönlichen Fürwörter:

k'ong* kj'erang*-la schühpare
er du-dem gesagt
Er hat es dir doch gesagt.

ming di ngaa dr'ironang*
Name dieser ich-dem schreiben-Hilfe-gewähren
Kannst du mir den Namen bitte
aufschreiben?

Der Wem-Fall hat im Tibetischen die zusätzliche Aufgabe, Ort und Richtung zu kennzeichnen. Orts- und Richtungsangaben werden im Tibetischen nicht unterschieden.

nga Lhässaa dawa tchih dähpajin
ich Lhasa-dem Monat ein gewohnt-ich
Ich war einen Monat in Lhasa.

nga Lhässaa dronjingögih
ich Lhasa-dem gehen-wollen
Ich möchte nach Lhasa fahren.

Es folgen nun noch zwei Muster-Beugungen:

Hauptwort enden auf Mitlaut

Der Fall auf -nä heißt Ablativ und drückt die Richtung aus, aus der etwas / jemand kommt.

mid'om	der Yeti, den Yeti, die Yetis
mid'om-ge	des Yetis, der Yetis
mid'om-la	dem Yeti, den Yeti
mid'om-gä	durch den Yeti / die Yetis
mid'om-nä	vom Yeti / den Yetis her
mid'om-lä	(mehr) als der Yeti / die Yetis

Hauptwort endet auf Selbstlaut

Den Fall auf -lä benötigt man bei der Steigerung der Eigenschaftswörter (für den Vergleichsmaßstab).

k'angpa	das Haus, die Häuser
k'angpää	des Hauses, der Häuser
k'angpaa	(in) dem Haus / den Häusern
k'angpäh	durch das Haus / die Häuser
k'angpa-nä	vom Haus / von den Häusern her
k'angpa-lä	(mehr) als das Haus / die Häuser

Hoch, höher, am höchsten

Auch die Eigenschaftswörter (Adjektive) kennen im Tibetischen weder Geschlecht noch Mehrzahl. „Bös*er* (Mann)" und „bös*e* (Frau)", „klein*es* (Kind)" und „klein*e* (Kinder)" lauten im Tibetischen alle gleich. Im Gegensatz zum Deutschen stehen die meisten Eigenschaftswörter im Tibetischen jedoch nach dem Hauptwort.

mi mangpo
Mensch viel
viele Leute

d'ütsöh ringpo
Zeit lang
lange Zeit

k'angpa kaapo di
Haus weiß dieses
das weiße Haus

Nur in „komplizierteren" Fällen stehen nähere Bestimmungen (Attribute) vor dem Hauptwort. Dies gilt für zusammengesetzte Adjektive mit der Struktur „Hilfswort + Nomen", für Attribute, die aus einem Tätigkeitswort bestehen (vergleichbar mit unseren Partizipien oder Relativsätzen), und für solche, die eigentlich ein Hauptwort im 2. Fall sind.

sch'a-jöpää schokoh-k'alah
Fleisch-habende Kartoffel-Mahlzeit
Kartoffeln mit Fleisch

lahpää tchalah d'egäh
verlorene Dinge diese
die verlorenen Sachen

B'öpää k'alah
Tibeters Essen
tibetische Küche

Wenn ein Eigenschaftswort als Bestandteil der Satzaussage (Prädikat) auftritt wie etwa in „Sie ist sehr klug", treffen die Tibeter eine Unterscheidung, die es im Deutschen so nicht gibt: bei einem subjektiven Urteil des Sprechers benutzen sie das Hilfsverb „es gibt / haben", aber bei einer objektiven, allgemein gültigen Aussage das Hilfsverb „sein".

k'ong* tchangpo schiputch duh
er/sie klug sehr es-gibt
Sie ist sehr klug (finde ich).

mi di jagpo duh / minduh
Mensch dieser gut es-gibt / es-gibt-nicht
Das ist (k)ein vertrauenswürdiger / verlässlicher Zeitgenosse.

mi di jagpo reh
Mensch dieser gut ist
Diese Person ist verlässlich.
(= allgemein als verlässlich bekannt)

Seien Sie also vorsichtig, wenn Sie Aussagen über etwas machen. Vermeiden Sie den Eindruck, dass Ihre Aussagen autoritatives Gewicht haben und benutzen Sie daher vorsichtshalber lieber „haben".

Da „sein" und „haben" im Tibetischen keinerlei Beugung kennen, heißt tchangpo duh sowohl „ist klug" als auch „war klug", und jagpo reh: „ist gut" ebenso wie „war gut".

steigern

Für die 1. Steigerungsstufe (Komparativ) ersetzen Sie einfach die letzte Silbe des Eigenschaftswortes durch -a (bzw. nur das letzte -o durch -a). Für die 2. Stufe (Superlativ) ersetzt man die letzte Silbe durch -sch'öh.

jagpo	**jaga**	**jagsch'öh**
gut	besser	am besten
ringpo	**ringa**	**ringsch'öh**
lang	länger	am längsten
tch'ungtch'ung	**tch'unga**	**tch'ungsch'öh**
klein	kleiner	am kleinsten

g'ong tch'impu	teuer	*Preis groß*
g'ong tch'äh	teurer	*Preis größer*
g'ong tch'esch'öh	am teuersten	*Preis größter*

Die Regel zum Steigern ist nur sehr grob und in Wirklichkeit gibt es von Fall zu Fall kleinere und größere Unregelmäßigkeiten.

Der Komparativ wird viel häufiger angewandt als im Deutschen: gong tch'äh kann auch als „sehr teuer", „ziemlich teuer", „teurer als angenommen" oder „zu teuer" übersetzt werden. In diesen Fällen können Sie zur Betonung noch die Nachsilbe -laa anhängen:

ootsi! di tch'impu-laa
huch dieses groß-oh
Huch! Das ist (zu) groß!

jagalaa
gut-oh
Sehr gut! Toll! Prima!

njingtch'e-laa
schön-oh
Oh, wie schön.

Intensität

Die Bedeutung „sehr" können Sie ansonsten auch ausdrücken mit -schiputch duh oder -schedraa duh:

di jagpo schiputch / schedraa duh
dies gut sehr es-gibt
Das ist sehr gut!

Außerdem können Sie „zu (sehr)" auch durch Anhängen von -dr'ascha ausdrücken.

g'ong tch'ähdr'ascha	zu teuer
ringdr'ascha	zu lang
tch'edr'ascha	zu groß
dr'angdr'ascha	zu kalt

vergleichen mit „(mehr) als"

In Vergleichssätzen vom Typ „X ist größer als Y" geht im Tibetischen der Vergleichsmaßstab Y dem Subjekt X voraus. Die Funktion von „als" wird dabei durch die Endung -lä am Vergleichsmaßstab ausgedrückt. Also: „Y-als X größer".

ngüü-lä sser g'ong tch'äh
Silber-als Gold Preis größer
Gold ist teurer als Silber.

ta-lä kj'i tch'ungga
Pferd-als Hund kleiner
Der Hund ist kleiner als das Pferd.

Umstandswörter (Adverbien)

Werden Adjektive als nähere Bestimmungen von Verben benutzt, steht sie vor diesen.

gjogpo p'eh*-nangd'a*
schnell kommen-bitte-!
Komm schnell!

g'alligali tang-nangd'a*
langsam fahren-bitte-!
Fahr bitte langsam(er)!

lamssang jong-g'o
sofort kommen-!-ich
Ich komme sofort / gleich / schon!

Sein & Haben

Dies ist eine Beschreibung, die für den Anfang genügen soll. Die Realität ist aber komplizierter. Daher kann man auch „nicht-1." Personen finden, wo man eigentlich eine 1. Person erwartet, und umgekehrt. So wird etwa mään *oft durch* mareh *ersetzt, denn* mään *ist „subjektiver" und lässt sich interpretieren als „Ich bin nicht, weil ich nicht will" oder sogar als „Ich will nicht!" / „Nein, Danke!"*

Wie bei allen Tätigkeitswörtern gibt es in der Beugung von „sein" und „haben" nur zwei Personen: die 1. Person (ich, wir) und die „nicht-1." Person (du, er, sie, ihr, sie).

sein	
ich / wir:	
... **jin**	bin / sind ...
... **mään**	bin / sind nicht ...
du / er / sie / ihr / sie (Mz):	
... **reh**	bist / ist / seid / sind ...
... **mareh**	bist / ist / seid / sind nicht ...

nga emtchi mareh
ich Arzt nicht-ist
Ich bin kein Arzt. (weil es nun mal so ist).

haben / es gibt (existiert)	
ich / wir:	
... **jöh**	habe / haben ...
... **mäh**	habe / haben nicht ...
du / er / sie / ihr / sie:	
I. man hat sich persönlich überzeugt:	
... **duh**	hast / hat / habt / haben
... **minduh**	hast / hat / habt / haben nicht
II. man nimmt es allgemein an:	
... **jore**	hast / hat / habt / haben
... **jomare**	hast / hat / habt / haben nicht

Wie bereits kurz erwähnt, werden „sein" und „haben" nicht nach Zeiten gebeugt, d.h. „ich bin" und „ich war", bzw. „ich habe" und „ich hatte" usw. sind im Tibetischen identisch.

Die Unterschied zwischen den beiden Formen der „nicht-1." Person ist charakteristisch für das tibetische Verb insgesamt. Die Form jore bzw. jomare macht eine allgemeine Aussage macht, wie z. B. „in Tibet gibt es viele Berge". Sie bezieht sich auf eine Information, die der Sprecher von anderen hat bzw. die allgemein bekannt ist. Der Sprecher muss es aber nicht persönlich gesehen haben. duh bzw. minduh bezeichnet hingegen immer eine persönliche Feststellung, für die der Sprecher aufgrund eigener Wahrnehmung garantieren kann.

Ein wenig damit vergleichbar ist im Deutschen der Gebrauch des Konjunktivs zur Wiedergabe von Informationen aus ungesicherter Quelle („Man sagt, er habe magische Kräfte"). Anders als bei uns sind im Tibetischen solche Sätze bei nicht persönlich garantierter Information zwingend erforderlich.

kj'erang-la d'ütsöh jöpäh
du-dem Zeit es-gibt(-für-mich)-?
Hast du Zeit (für mich)?

nga-la g'ormo mäh.
ich-dem Geld es-gibt-nicht(-für-mich)
Ich habe kein Geld.

Die Tibeter sagen nicht „ich habe ..." sondern „mir gehört". Die „haben"-Konstruktion erfordert also immer den Wem-Fall.

Alle Verben stehen am Satzende, so auch „sein" und „haben". Deren Formen sollte man sich gut einprägen, da sie als Bestandteile von Verbausdrücken immer wieder auftauchen.

(dee) k'ala dukäh
(hier) Essen es-gibt-?
Gibt es (hier) Essen?

B'öh-la jah mangpo jore
Tibet-in Yak viele es-gibt
In Tibet gibt es (bekanntermaßen) viele Yaks.

Gegenwart, Zukunft, Vergangenheit

Es gibt im Tibetischen zwei Arten von Tätigkeitswörtern: die einen drücken eine Handlung aus (aktive Verben), die anderen einen Zustand (statische Verben). Den Unterschied verdeutlicht gut das Gegensatzpaar „anziehen" (Handlung) vs. „anhaben, tragen" (Zustand). Handlungen sind dabei stets mit eigenem Willen verbunden.

Das heißt, Vorgänge, bei denen es einen „so überkommt", gelten grammatikalisch als Zustand.

Die Zeiten, Bejahung bzw. Verneinung sowie die Person (1. und „nicht-1.") werden durch Anhängen der passenden Endungen an den Stamm des Verbs zum Ausdruck gebracht. Aktive Verben haben drei Zeiten, nämlich Gegenwart, Zukunft und Vergangenheit, Zustandsverben nur zwei Zeiten, nämlich Gegenwart und Vergangenheit.

Bei der „nicht-1." Person wird oft nach der Informationsquelle (selbst erlebt oder nicht) unterschieden. In der 1. Person ist natürlich jede Aussage persönlich garantiert.

Gegenwart (aktive Handlung)

Die Gegenwart bildet man nach dem Muster Verbstamm + -ge- + „haben / nicht-haben". Ein Beispiel mit t'ung / tch'öh* (trinken):

ich, wir	
t'unggejöh	trinke(n) gerade
t'unggemäh	trinke(n) gerade nicht

Für die „nicht-1." Person gibt es zwei Formen. Die erste drückt aus, dass man sich selbst davon überzeugt hat, die zweite, dass man es annimmt oder von anderen gehört hat.

du, er, sie, ihr, sie	
I. man hat sich persönlich überzeugt:	
tch'öhgih*	trinkst, -t, -en gerade
(verkürzt aus **tch'öhgeduh***)	
tch'öhgeminduh*	trinkst, -t, -en gerade nicht
II. man nimmt es allgemein an:	
tch'öhgejore*	trinkst, -t, -en gerade
tch'öhgejomare*	trinkst, -t, -en gerade nicht

Wenn Sie in der 2. oder 3. Person sprechen, ist die Verwendung der respektvollen schessa-Variante des Verbs angeraten.

nga drugejöh	**kj'erang* t'ähgih***
ich gehe	du gehst

nga d'anda k'ala saga drugejöh
ich jetzt Essen essen gehen-ich
Ich gehe jetzt essen.

dro (hier vor der Endung -gejö lautlich bedingt in dru umgewandelt) ist der „normale" Stamm von „gehen". t'äh ist das Gegenstück dazu im schessa-Stil.*

Zukunft (aktive Handlung)

Die Zukunft bildet man nach dem Muster Verbstamm + -ge- + „sein / nicht-sein".

ich, wir
t'unggejin ...
werde(n) / möchte(n) trinken
t'unggemään...
werde(n) / möchte(n) nicht trinken

togong t'ugpa t'unggemään
heute-Abend Nudelsuppe trinken-nicht-werden-ich
Heute Abend esse ich keine Nudelsuppe.

du, er, sie, ihr, sie
tch'öhgere*
wirst, wird, werdet, werden (möchten) trinken
tch'öhgemare*
wirst usw. / möchtest usw. nicht trinken

k'ong* b'ödch'a tch'öhgemare
er tibetischer-Tee trinken-nicht-werden
Er wird keinen tibetischen Tee trinken.

Vergangenheit (aktive Handlung)

Die verneinte Form wird hier unregelmäßig gebildet:

ich, wir
Verbstamm + -pa- + „sein"
t'ungpajin
habe(n) / hatte(n) getrunken, trank(en)
ma- + Verbstamm
mat'ung
habe(n) / hatte(n) nicht getrunken, trank(en) nicht

Leider gibt es im Tibetischen ähnlich wie im Deutschen auch unregelmäßige Vergangenheitsstämme:
sa – säh
essen – aß,
kuma-ku – kuma-küh
stehlen – stahl,
dro – tch'in
gehen – ging.
Schauen Sie daher in der Vokabelliste nach, ob ein Verb regel- oder unregelmäßig ist.

rang lääkaa match'in-tsang ngüü rahgemare.
du Arbeit-dem nicht-gegangen-weil Geld bekommen-nicht-werden
Weil du nicht zur Arbeit gegangen bist, wirst du kein Geld bekommen.

du, er, sie, ihr, sie
Tätigkeitswort-Stamm + -pa- + „sein"
tch'öhpare*
hast / hattest usw. getrunken, trankst usw.
ma- + Tätigkeitswort-Stamm + -pa- + „sein"
match'öhpare*
hast / hattest usw. nicht getrunken, trankst usw. nicht

**k'ongts'ö nangma-la t'äh kjang
arah match'öhpare**

*sie Karaoke-dem gegangen obwohl
Alkohol nicht-getrunken*

Obwohl sie in die Karaokebar gegangen sind, haben sie keinen Alkohol getrunken.

Auch in der Vergangenheitszeit zeigt sich das Konzept, dass Handlungen mit eigenem Willen verbunden sind. So heißt z. B. mat'ung genauer „ich trank nicht, weil ich nicht trinken wollte". Will man eher sagen, dass es sich „einfach so ergab", muss man stattdessen t'ungmäh sagen. Das gilt dann als Zustand.

Gegenwart (willentlicher Zustand)

Diese Formen benutzt man, wenn man über Anfang und Ende der Angelegenheit selbst die Entscheidung trifft. Man setzt sich aus eigenem Entschluss irgendwo hin und *hat* dann „willentlich" seinen Sitz. Deren Gegenwart bildet man nach dem Muster Verbstamm + „haben / nicht-haben". Zum Beispiel:

däh / schuh* bedeutet
„sich aufhalten, sitzen,
da sein, bleiben,
wohnen"

ich, wir	
dähjöh	sitze(n)
dähmäh	sitze(n) nicht

In dem Sinne:
„habe" dort meine
Wohnung besorgt.

nga d'anta Lhässaa dähjöh
ich jetzt Lhasa-dem sitzen-ich (= -es-gibt-für-mich)
Ich halte mich momentan in Lhasa auf.

Auch hier steht die 1.
Person im Sinne von
„für mich", ist also
nicht Subjekt des
Satzes.

ngää dr'ogo d'anta Lhässaa schuhjöh*
ich-des Freund jetzt Lhasa-dem wohnen (= -es-gibt-für-mich)
Mein Freund befindet sich jetzt in Lhasa.

Ein Zustand, den ich
selbst eingeleitet habe.

ngäh ngüüdsin kj'eemäh
ich-von Quittung mitnehmen-nicht-ich (= -es-gibt-nicht-für-mich)
Ich habe die Quittung nicht dabei.

du, er, sie, ihr, sie	
I. man hat sich persönlich überzeugt:	
schuhduh*	sitzt, -en
schuhminduh*	sitzt, -en nicht
II. man nimmt es allgemein an:	
schuhjore*	sitzt, -en
schuhjomare*	sitzt, -en nicht

wie ich bestätigen
kann.

morang d'anta Drugjüü-la dähduh
sie jetzt Drachenland-dem wohnen
Sie hält sich momentan in Bhutan auf.

wie allgemein
bekannt / ich erfahren
habe.

k'ongtso* Drugjüü-la schuhjore*
sie Drachenland-dem wohnen
Sie wohnen / leben in Bhutan.

Gegenwart (unfreiwilliger Zustand)

Etwas anderes ist es, wenn man unbeabsichtigt in einen Zustand gerät, z. B. krank wird. Das „Ich" kann hier nichts mehr entscheiden, deshalb gibt es auch keine Endung der 1. Person. Diese Zustandsform wird gebildet wie eine *Handlung* der „nicht-1." Person in der Gegenwart, nämlich so: Verbstamm + -ge- + „haben / nicht-haben". Ein Beispiel mit na / njung* (krank sein, Schmerzen haben):

Merke: „es (3. Person) überkommt einen".

ich, wir, mir, uns
nagih
es geht (mir, uns) gesundheitlich schlecht, ich bin / wir sind krank, habe(n) Schmerzen
nageminduh
es geht gesundheitlich nicht schlecht, ich bin / wir sind nicht krank

-gih ist eine Verschmelzung aus -ge- + -duh.

nga nagih
ich schmerzen
Ich fühle mich krank.

du, er, sie, ihr, sie, dir, ihm, ihr, euch, ihnen
I. man hat es selbst beobachtet:
njunggih*
es bereitet einem Schmerzen, man ist krank
njunggeminduh*
es bereitet einem keine Schmerzen, man ist nicht krank

Der einzige Weg, eine Unterscheidung zwischen der 1. und der „nicht-1." Person zu machen, ist der Gebrauch von schessa-Verbstämmen in der „nicht-1." Person.

II. man nimmt es allgemein an:
njunggejore*
es geht einem gesundheitlich schlecht
njunggejomare*
es geht einem gesundheitlich nicht schlecht

gongdah b'irah mangpo schedr'a t'hungna ssangschoh gonagejore

abends Bier viel sehr getrunken-falls nächsten-Morgen Kopfschmerzen-haben

Wenn man abends sehr viel Bier getrunken hat, schmerzt am nächsten Morgen der Kopf.

tch'utsöh dün-la modra jonggejore

Stunde sieben-dem Auto kommen

Der Bus kommt um 7 Uhr.

Vergangenheit (Zustand)

-dchung heißt für sich allein eigentlich „bekommen haben".

Die bejahte Vergangenheit bildet man nach dem Muster Verbstamm der Vergangenheit + -dchung, die verneinte mit Stamm + -madchung.

ich, wir
nadchung
habe(n) eine Krankheit bekommen, d.h. war(en) daraufhin krank (Zustand!) und bin (sind) es vielleicht auch jetzt noch
namadchung
habe(n) keine Krankheit bekommen, d.h. war(en) nicht krank

nga nadchung
ich geschmerzt-ich
Ich bin krank geworden (war dann krank
und bin es eventuell auch jetzt noch).

ngäh t'oongmadchung
ich-von gesehen-nicht-ich
Ich habe nichts gesehen.

Zustand: Meinem Auge bot sich kein Anblick.

Auch hier ist es wieder möglich, die 1. Person
zu benutzen, auch wenn diese nicht das Subjekt, der Zustand aber auf die 1. Person bezogen ist.

k'ong-gä* ngaa k'alah söhnangdchung*
er/sie-von ich-dem Essen gemacht-ich
Er / sie ist es, der / die mir das Essen
gemacht hat. (Das Essen, das hier vor mir
steht, stammt von ihm / ihr.)

du, er, sie, ihr, sie
Verbstamm (Vergangenheit) + -ss(ung) **njungssung*** hast / hat / habt / haben eine Krankheit bekommen
Verbstamm (Vergangenheit) + -massung **njungmassung*** warst / war / wart / waren nicht krank

-ssung heißt für sich allein eigentlich „weggegangen"

k'ong-gä* k'alah söhnangss(ung)*
er/sie-von Essen gemacht
Das Essen stammt von ihm / ihr.

Hier ist der Zustand nicht auf die 1. Person bezogen.

tch'inss(ung)   **t'ähmassung***
gegangen   *gegangen-nicht*
Er ist fort.   Er ist nicht fortgegangen.

Wenn ein Zustand einen unwillentlich „überkommt", wird die „nicht-1." anstelle der 1. Person benutzt.

= Der Groschen ist **hag'oss(ung)**
gefallen. *verstanden*
Ich habe verstanden.

= Das Gedächtnis hat **ngäh dchehss(ung)**
mich im Stich gelassen. *ich-von vergessen*
Ich habe es vergessen.

Noch einmal in tabellarischer Übersicht:

Handlung	
1. Person	nicht-1. Person
Gegenwart -gejöh	-gih / -gejore
Gegenwart verneint -gemäh	-geminduh / -gejomare
Zukunft -gejin	-gere
Zukunft verneint -gemään	-gemare
Vergangenheit -pajin	-pare
Vergangh. verneint ma-	ma-...-pare

vor Semikolon: willentl.; nach Sem.: unwillentl.

Zustand	
1. Person	nicht-1. Person
Gegenwart -jöh; -gih / -gejore	-du / -jore; -gih / -gejore
Gegenwart verneint -mäh; -geminduh / -gejomare	-minduh / -jo(ma)re; -geminduh / -gejomare
Vergangenheit -dchung	-ssung
Vergangh. verneint -madchung	-massung

Höfliche schessa-Verbstämme

Hier geht es noch einmal vergleichend um den Unterschied zwischen „normalen" und schessa-Ausdrücken bei den Verbstämmen.

	normal	schessa
(siehe rechts)	-gjab	-kjön*
machen	dch'eh	nang*
essen	sa	tch'öh
kommen	jong	p'eh*
gehen	dro	t'äh* / p'eh
sagen	schäh	ssung*
sehen	ta, t'oong	sih*
kaufen	njo	sih*
aufstehen	lang	schaang*
sitzen / wohnen	däh	schuh*

häufig verwendetes Element zur Bildung von zusammengesetzten Tätigkeitswörtern, ohne eigene Bedeutung.

rang g'are dch'ihgejöh
du was machen(-für-mich)
Was treibst du denn da?

kj'erang* g'are nanggejöh*
du was machen(-für-mich)
Was machen Sie gerade?

In Fragen steht das Verb verwirrenderweise meist in der 1. Person (siehe Kapitel „Fragen").

Besonders wichtig sind die schessa-Varianten für „machen" auch deswegen, weil damit viele zusammengesetzte Tätigkeitswörter gebildet werden:

Höfliche schessa-Verbstämme

sobtchöh gjab / kjön*
Reparatur machen
reparieren

dubssoh gjab / kjön*
Räumen machen
aufräumen

lobdchong dch'eh / nang*
Lernen machen
lernen

Nicht zusammengesetzte, einsilbige Tätigkeitswörter können praktischerweise durch Anhängen von -nang* auf schessa-Niveau „hochgestuft" werden.

tch'i = *abwischen,* **di tch'inanggorepäh***
abtrocknen   *dies abwischen-machen-benötigen-?*
Soll (ich) das (für Sie) abwischen?

Es ist sogar möglich, Verben, die bereits schessa sind, durch das Anhängen von -nang* noch weiter „aufzupolieren". Man kann nang* übrigens auch mit „gewähren" übersetzen.

p'eh* = *kommen* **atcha Kaama-laa*, ngantso dee p'eh*-nang***
Schwester Kaama-oh, wir hier kommen-gewähren
Besuchen Sie uns doch einmal, ehrwürdige Kaama.

Können, müssen, wollen

Unsere modalen Hilfsverben sind im Tibetischen natürlich wieder Endungen, die an das Tätigkeitswort angeheftet werden.

können

Dazu schiebt man -t'uh- zwischen Tätigkeitswort und Endung:

nga jongt'uhmadchung
ich kommen-gekonnt-nicht-ich
Ich konnte nicht kommen.

nga drot'uhgeminduh
ich gehen-können-nicht
Ich kann nicht hingehen.

kj'erang* t'äht'uhgedukäh* drot'uhgih
du gehen-können-?   *gehen-können*
Kannst du hingehen?   Ja, ich kann hin.

dürfen

Dazu hängt man -tch'ohgere / -tch'ohgemare (darf / darf nicht) an das Verb. Diese Formen gelten für alle Personen.

par gjabtch'ohgerepäh
Foto machen-dürfen-werden-?
Darf (ich) fotografieren?

Können, müssen, wollen

gjabtch'ohgemare
machen-dürfen-werden-nicht
Nein. / Nicht erlaubt.

dee gang-la dsahtch'ohgerepäh
hier Oberseite-dem klettern-dürfen-werden-?
Darf ich hier hinaufklettern?

di sahtch'ohgerepäh
dieses essen-dürfen-werden?
Darf ich davon essen?

müssen / nicht brauchen

gore, gomare und ähnliche Formen kann man auch als selbständige Wörter benutzen (in der Bedeutung „benötigen"). goh wird dann meistens mit steigend-fallendem Ton gesprochen.

Man hängt dazu -gore / -gomare (muss / muss nicht) an das Tätigkeitswort. Auch diese Endungen gelten für alle Personen.

ngarangtso t'äh*-gore
wir(inkl.) gehen-benötigen
Wir müssen (jetzt) gehen.
(einschließlich der Angesprochene)

kj'erang* t'äh*-gomare
du gehen-nicht-benötigen
Du brauchst nicht zu gehen.

gore	Es muss sein.
gomare	Es muss nicht sein. / Nicht nötig.
gojöh	Das brauche ich / hätte ich gern.
gomäh	Das brauche ich nicht.
goh!	Das will ich haben!
mogoh!	Das mag ich nicht! / Lass das!

wollen / möchte

Wenn das, was Sie zu tun (oder zu lassen) gedenken, schon recht konkret ist, verwenden Sie einfach die Verbformen für die Zukunft:

ich, wir
-gejin
werde(n), will (wollen), möchte(n)
-gemään
werde(n), will (wollen), möchte(n) nicht
du, er, sie, ihr, sie
-gere*
wirst, wird, werden; will(st), wollen
-gemare*
wirst, wird, werden; will(st), wollen nicht

de-nä nga Gjagaar-la drugejin
von-hier-aus ich Indien-dem gehen-werden-ich
Ich will weiter nach Indien fahren.

k'ong* t'äh*gemare
er/sie gehen-nicht-werden
Sie wird / will nicht fahren.

Wenn Ihr Wunsch noch nicht so weit gediehen ist, hängen Sie **-njingdögih** / **-njingdöge-mindu** (möchte / möchte nicht) an das Verb. Diese Endungen gelten für alle Personen.

nga B'ääjüü-la dronjingdögih
ich Nepal-dem gehen-mögen
Ich möchte (vielleicht) nach Nepal fahren.

Fragen

Das heißt, sie stehen eben nicht am Satzanfang, wie man es aus europäischen Sprachen gewöhnt ist.

Auch im Tibetischen unterscheidet man Fragen mit und ohne Fragewort. Die Fragewörter stehen immer direkt vor dem Tätigkeitswort, ganz gleich wie lang der Satz ist.

g'agi	welcher?
g'are	was?
g'apaa	wo?, wohin?
g'adüh	wann?
g'andräh(-ss)	wie?
g'atsäh	wie viel?
g'anäh	woher?
g'arejinna	warum?
ssu	wer?, wen?
ssüü	wessen? (mit hohem Ton)
ssuu	wem?
ssüüh	von wem? (Von-Fall) (mit fallendem Ton)

Von g'are und g'apaa können Sie eine Art Mehrzahl durch Verdoppelung bilden: g'are-g'are? = was denn alles? g'apaa-g'apaa? = wo(hin) denn überall?

di g'are reh
dieses was ist
Was ist das?

di ssu reh
dieser wer ist
Wer ist das?

di ssüü reh
dieses wessen ist
Wem gehört das?

kj'erang* g'apaa t'ähka*
du wo gehen-?
Wohin gehst du?

jang njogdra songään ssu reh
wieder Ärger machend wer ist
Wer macht denn da schon wieder Ärger?

sch'a di k'ong-gä* g'adüh sihpare*
Fleisch dieses er-von wann gekauft
Wann hat er das Fleisch gekauft?

Die Antwort auf ein konkretes Fragewort nimmt immer genau die Position im Satz ein, an der auch das Fragewort steht:

di ssüü reh   **di ngää reh**
dieses wessen ist   *dieses ich-des ist*
Wem gehört das?   Das gehört mir.

Nach einer Eigenschaft können Sie mit g'atsäh fragen:

k'ong* gonglo* g'atsäh reh
er/sie Alter wie-viel ist
Wie alt ist er / sie?

räh di g'ong g'atsäh reh
Stoff dieser Preis wie-viel ist
Wie teuer ist der Stoff?

Lhassaa t'ah ringpo g'atsäh jore
Lhasa-dem Entfernung lang wie-viel es-gibt
Wie weit ist es bis Lhasa?

Oder aber Sie ersetzen die letzte Silbe des Eigenschaftswortes durch -löh:

Lhassaa t'ah ringlöh jore
Lhasa-dem Entfernung lang-wie es-gibt
Wie weit ist es bis Lhasa?

mi di jaglöh jore
Mensch dieser gut-wie es-gibt
Wie vertrauenswürdig ist diese Person?

Ja-Nein-Fragen (Fragen ohne Fragewort)

Im Deutschen bilden wir Entscheidungsfragen, indem wir Subjekt und Prädikat vertauschen: „Sie liebt mich – Liebt sie mich?" Im Tibetischen dagegen gibt es kleine Endungssilben, die man einfach an den Satz anhängt, so dass aus dem Ganzen ein Fragesatz wird. Sie versprachlichen sozusagen die Funktion des Fragezeichens. Diese Endungen ändern ihre Form je nach den Silben, an die sie antreten.

Fragesilbe	steht nach den Endungssilben
-päh	-jin
	(Ausnahme: -gejin + -päh ⇨ -käh;
	-pajin + -päh verkürzt sich zu **-päh**);
	-re (ebenso nach -gejore, -gere,
	-pare, -gemare);
	-jöh (einschließlich -gejöh)
-käh	-duh (einschl. -minduh, -geminduh;
	-gejin (siehe unter **-päh**)
-gedukäh	-gih (< -geduh)
-ngäh	Silben, die auf -ng enden,
	wie -dchung, -ssung, -njung

repäh
ist-?
Ach ja? Tatsächlich?

k'ong* p'ehgerepäh*
er/sie kommen-werden-?
Wird sie / er kommen?

k'ong* tch'aläh* nanggedukäh
er/sie Arbeit machen-?
Arbeitet sie gerade?

= nanggih + käh

In Fragesätzen, die an die 2. Person (du, ihr) gerichtet sind und „sein" / „haben" enthalten, nimmt das Tätigkeitswort die Form an, die sich üblicherweise auf die 1. Person bezieht! Man sagt also statt „bist du?" – „bin du?".

Auch dies liegt wieder einmal daran, dass bei Fragen grundsätzlich ein persönliches Interesse für den Fragenden (also die 1. Person) herrscht.

kj'erang* B'öpa reh
du Tibeter sein
Du bist Tibeter.

kj'erang* B'öpa jinpäh
du Tibeter bin-?
Bist du Tibeter?

ngüü kj'eejöpäh
Geld mitnehmen-ich-?
Hast du Geld dabei?

dukäh
es-gibt-?
Ist es da? (Hast du's?)

kj'erangtsoo* d'ütsöh jöpäh
ihr-dem Zeit es-gibt-für-mich?
Habt ihr Zeit?

Bei Verbformen, in denen sich nicht das Hilfsverb „sein": verbirgt (z. B. -ssung: Zustand Vergangenheit) gilt die genannte Regel aber nicht. Sie bleiben ganz normal für die „nicht-1." Person markiert.

hag'ossung-ngäh
verstanden-?
Hast du verstanden?

kj'erang* lhamo sihnjung-ngäh*
du tibetische-Oper gesehen-jemals-?
Hast du schon mal tibetische Oper gesehen?

Wie die obige Tabelle zeigt, vereinfachen sich die Endungskomplexe für Zukunft und Vergangenheit. Die Endungen -käh (Zukunft) und -päh (Vergangenheit, aktive Handlung) treten direkt an den Verbstamm an. Sie zeigen somit klar die Zeitstufe des Verbs an.

t'ähgejin + päh = **kj'erangtso* Gandän-la t'ähkäh***
ihr Ganden-dem gehen-?
Fahrt / Wollt ihr nach Ganden?

kj'erangtso* Gandän-la t'ähpäh*
ihr Ganden-dem gegangen-?
Wart ihr gerade in Ganden?

kj'eepajin + päh = **sajah kj'eepäh**
Essbares mitgenommen-?
Hast du das Essen mitgenommen?

In Fragen mit konkretem Fragewort gibt es bekanntlich keine Fragesilbe. Enthält aber ein solcher Fragesatz ein Verb, das im Aussagesatz die Endungen -gejin (Zukunft) bzw. -pajin (Vergangenheit) zeigen würde, verwandeln sich diese in -ka bzw. -pa:

kj'erang-gä* g'are sihpa*
du-von was gekauft-(ich)-?
Was hast du gekauft?

g'are dch'eka
was machen-werden-(ich)-?
Was hast du denn da vor? (missbilligend)

Auffordern & Bitten

Aufforderungen der groben Art bildet man mittels -sch' oder -d'a, ebenso grobe Aufforderungen, etwas nicht zu tun, mit Hilfe eines vorangestellten ma- (mit lautlichen Anpassungen). Diese unhöflichen Formen sollte man aber tunlichst vermeiden.

di kj'eed'a
dieses mitnehmen-!
Nimm es mit!

madch'i
nicht-machen
Lass das!

mandro
nicht-gehen
Geh nicht fort!

Weitaus besser fährt man mit Bitten. Diese sind in verschiedenen Höflichkeitsstufen möglich. Die entsprechenden Formen lauten -rodch'i, -nang-d'a*, -ronang*, -nangronang*. Natürlich spielt schessa hier wieder eine große Rolle.

di kj'eerodch'i
dieses mitnehmen-helfen-machen
Nimm das bitte mit!

di kj'eenangd'a*
dieses mitnehmen-gewähren-!
Kannst du das bitte mitnehmen?

kj'ee-nang *ist höflicher als* kj'ee

-ronang* *ist*
höflicher als -rodch'i,
und -nangronang* *ist*
sehr zuvorkommend.

di kj'eeronang*
dieses mitnehmen-Hilfe-gewähren
Könntest du das bitte mitnehmen?

di kj'eenangronang*
dieses mitnehmen-gewähren-helfen-gewähren
Könnten Sie das bitte mitnehmen?

sih* *bzw.* tch'öh* *sind*
die schessa-*Entspre-*
chungen von
ta *(sehen) bzw.*
sa *(essen).*

dee sihd'a	**tch'öh***	**kutchi!**
hier sehen-!	*essen*	*bitte*
Schau mal da!	Bitte, greif zu!	Bitte!

Negative Bitten formuliert man in der Umgangssprache mit -gomare (nicht müssen) oder
-tch'ohgemare (nicht dürfen).

drogomare
gehen-nicht-benötigen
Du brauchst nicht zu gehen!

drotch'ohgemare
gehen-nicht-dürfen
Du kannst jetzt nicht gehen!

Höflicher sind Bitten im schessa-Stil:

d'endräh manangd'a*	**massungd'a***
solches nicht-machen-!	*nicht-sagen-!*
Tu es bitte nicht!	Sage es bitte nicht!

t'ähgomare*	**di lennang*-gomare**
gehen-nicht-benötigen	*dieses nehmen-nicht-benötigen*
Bleiben Sie nur!	Sie müssen es nicht nehmen!

und, wenn, schon

Für längere Sätze braucht man diese Worte:

und / mit

nga dch'a-ngaamo dang sch'a-b'aaleh njih gojöh
ich Tee-süß und Fleisch-Brot zwei brauchen-ich
Ich hätte gern einen süßen Tee und zwei Fleischfladen.

dang fungiert wie ein „und" zwischen zwei Hauptwörtern.

ngäh sch'a njöhdch'ä, ssosso k'alah söhpajin
ich-von Fleisch gekauft-und selbst Essen gemacht-ich
Ich habe mir Fleisch gekauft und selbst etwas zu essen gemacht.

-dch'ä / -nä fungiert wie ein „und" zwischen zwei Teil-sätzen. Es wird dabei an den Stamm des ersten Verbs angehängt. Schließt man -dch'ä / -nä an die Verben däh *(sitzen) bzw.* schön *(reiten) an, kann man damit ein Verkehrs-mittel ausdrücken. „Mit" als Angabe des Instruments benötigt den Von-Fall.*

rili / modra / namdru dähdchä / dähnä
Zug / Auto / Flugzeug sitzen-und
mit dem Zug / Auto / Flugzeug

ta schönnä / schöndchä
Pferd reiten-und
zu Pferd

do Stein (Wer-Fall)
döh mit dem Stein (Von-Fall)

k'ong* njampoo
er/sie zusammen
mit ihm / ihr

njampoo nach dem Bezugsnomen heißt „mit jemand (gemein-sam)" (= Begleitung).

nga dang ngää dr'ongmo njampoo
ich und mein Freundin zusammen
ich mit meiner Freundin

njampoo vor dem Verb heißt „mit"-machen bzw. „gemeinsam etwas tun".

nga njampoo drugejin
ich zusammen gehen-werden-ich
Ich möchte mitgehen.

oder

jangmääna im Aussagesatz verknüpft zwei Hauptwörter in der Funktion von „oder".

b'aaleh dchermänkäh „Brot" **jangmääna** „Fladen" **segih**
b'aaleh Deutsch Brot oder Fladen heißen
„B'aaleh" heißt auf Deutsch „Brot" oder „Fladen".

Für „oder" in einer Frage werden alle Möglichkeiten ohne Bindewort nacheinander aufgelistet.

di lang-sch'a re jag-sch'a reh?
dieses Rindfleisch ist Yakfleisch ist
Ist das Rind- oder Yakfleisch?

di kj'erang*-ge re k'ong*-ge reh?
dieses du-des ist er/sie-des ist
Gehört das dir oder ihm / ihr?

nur / abgesehen von / außer

Unser Wort „nur" gibt man auf Tibetisch mit lä („außer") bzw. maschi („aber") nach dem Bezugswort wieder. Entsprechend dieser Bedeutung muss dann das Verb negativ formuliert sein („nichts außer").

gonga nga lä mogoh / mään
Ei fünf außer nicht-wollen / bin-nicht
Ich brauche nur fünf Eier.

tigts lä minduh
ein-wenig außer es-gibt-nicht
Es ist nur ganz wenig.

ngäh langsch'a maschi njöhmäh
ich-von Rindfleisch aber gekauft-nicht-ich
Ich habe nur Rindfleisch gekauft.

k'ong* matoh ts'angma ts'angss(ung)
er/sie außer alle zusammen-gekommen
Außer ihm / ihr sind alle gekommen.

Die eigentliche Präposition „außer" gibt man mit nachgestelltem matoh *wieder.*

als / wenn (zeitlich und Bedingung)

kj'erang* p'ehdü*, ...
du kommen-Zeit
Wenn du kommst, ... / Als du kamst, ...

Zeitliche Nebensätze („als" und „wenn / immer wenn") bildet man mit -dü (wörtlich: „Zeit"), das an den Verbstamm angehängt wird.

k'alah sadü, ...
Essen essen-Zeit
Wenn man isst, ... / Beim Essen ...

kj'erang* p'ehna*, ...
du kommen-falls
Falls du kommst, ... / Solltest du kommen ...

„Wenn" bzw. „falls" im Bedingungssatz heißt auf Tibetisch -na und wird ebenfalls an das Verb angehängt.

kj'erang* p'ehmat'uhna*, ...
du kommen-nicht-können-falls
Falls du nicht kommen kannst, ...

mään-na, jugscho
es-gibt-nicht-wenn, wirf-fort
Wenn nicht, dann nicht! / Dann eben nicht!

ssüüts'ih* tch'öh*-ts'aassungna, ...
Mahlzeit essen-fertig-wenn, ...
Wenn wir gegessen haben, ...

Für „wenn" = „nachdem" hängt man -ts'aassung-na („-fertig-wenn") an das Verb.

und, wenn, schon

obwohl / trotzdem

Ein Wörtchen „obwohl" gibt es nicht. Man formuliert statt dessen einen normalen Hauptsatz und beginnt den nachfolgenden Satz mit jinnaang *(„trotzdem").*

ngaa passe mäh, jinnaang drugejin
ich-von Karte es-gibt-nicht-bei-mir, trotzdem gehen-werden-ich
Ich möchte hingehen, obwohl ich keine Reisegenehmigung habe.

k'ong b'ääpo re, jinnaang b'ökäh jagpo sch'inggeduh
er Nepali ist, trotzdem Tibetisch gut verstehen
Er ist zwar Nepali, aber er versteht gut Tibetisch.

weil

„Weil" heißt -tsang *und wird an den Verbstamm angehängt.*

k'ong* p'ehtsang*, ngäh k'alah söhpajin
er kommen-weil, ich-von Essen gemacht-ich
Weil er zu Besuch kommt / kam, habe ich etwas zu Essen gemacht.

nga kangpa natsang, kompa gjabt'uhgemäh
ich Fuß krank-weil Schritt machen-können-nicht-ich
Weil mein Fuß verletzt ist, kann ich nicht laufen.

bevor

Nebensätze mit -g'ong-la / -ngöön-la *(„bevor") erfordern immer ein verneintes Verb.*

k'alah masähg'ongla / masähngöönla, lagpa tr'üh
Essen nicht-essen-bevor Hände waschen
Vor dem Essen die Hände waschen!

**namdr'u passe manjöhg'ongla,
ngüük'ang-la drungojöh**
*Flugzeug Karte nicht-kaufen-bevor
Bank-dem gehen-benötigen-ich*
Bevor ich ein Flugticket kaufe, muss ich zur
Bank gehen.

jemals / noch nie

kj'erang*-njih Gjanah-la t'ähnjung-ngäh*
ihr-zwei China-dem gehen-jemals-?
Wart ihr beiden schon mal in China?

ju sihmanjung-ngäh*
Türkis sehen-nicht-jemals-?
Hast du noch nie einen Türkis gesehen?

*An den Verbstamm
gehängtes -njung heißt
„schon einmal"
(jemals), die
Verneinung -manjung
heißt „noch nie".*

schon / bereits

söhts'aass(ung)
gemacht-fertig
Fertig!

sähts'aamassung
gegessen-nicht-fertig
Noch nicht zu Ende gegessen!

*Eine zum Zeitpunkt
des Sprechens beendete
Tätigkeit („schon")
wird mit der Endung
-ts'aass(ung) (eigentlich
„fertig") am Verb-
stamm ausgedrückt,
die Verneinung davon
(„noch nicht") mit
-ts'aamassung.*

Zahlen, zählen & Zeit

Die Zahlen werden wie bei uns von links nach rechts geschrieben.

༡	༢	༣	༤	༥	༦	༧	༨	༩	༠
1	2	3	4	5	6	7	8	9	0

Auch die Zahlwörter selbst werden in der Reihenfolge der Ziffern zusammengesetzt (also 21 = „zwanzig-neun").

Bei den Zahl von 11 bis 19 verändert sich der Bestandteil tchu *(zehn) aus lautlichen Gründen leicht.*

Die vollen Zehnerstellen (einschließlich der 100) werden von den Tibetern häufig mit -t'ampa *abgeschlossen.*

1	**tchih (tchig)**	11	**tchugtchih**
2	**njih**	12	**tchungnjih**
3	**ssum**	13	**tchogssum**
4	**schi**	14	**tchübschi**
5	**nga**	15	**tchöönga**
6	**dr'uh**	16	**tchudr'uh**
7	**dün**	17	**tchubdün**
8	**gjäh (dchäh)**	18	**tchobgjäh**
9	**gu**	19	**tchugu**
10	**tchu**	100	**gja(t'ampa)**
20	**njisch'u(t'ampa)**	200	**njigja**
30	**ssumtchu(t'ampa)**	300	**ssumgja**
40	**schibtchu(t'ampa)**	400	**schibja**
50	**ngabtchu(t'ampa)**	500	**ngabja**
60	**dr'ugtchu(t'ampa)**	600	**dr'ugja**
70	**düntchu(t'ampa)**	700	**düngja**
80	**gjätchu(t'ampa)**	800	**gjägja**
90	**gubtchu(t'ampa)**	900	**gugja**

(21 – 29) **-tsa-**	(61 – 69) **-ri-**
(31 – 39) **-sso-**	(71 – 79) **-d'ün-**
(41 – 49) **-schi-**	(81 – 89) **-gj'a- (-dch'a)-**
(51 – 59) **-nga-**	(91 – 99) **-g'o-**

21	**njisch'utsagtchih**
22	**njisch'utsangnjih**
23	**njisch'utsagssum**
24	**njisch'utsabschi**
25	**njisch'utsäänga**
26	**njisch'utsagdr'uh**
27	**njisch'utsabdün**
28	**njisch'utsabgjäh**
29	**njisch'utsagu**

Bei den zusammengesetzten Zahlen 21-29, 31-39 usw. wird zwischen Zehner- und Einerstelle eine für den jeweiligen Zehnerblock typische Silbe eingefügt. Diese Silbe ist vom entsprechenden Zahlwort abgeleitet und passt sich ebenfalls der lautlichen Umgebung an.

1000 (= eintausend)	9000
tchihtong / tong tchih / tongtr'ah tchih	**gutong / tong gu / tongtr'ah gu**
10.000	90.000
tchihtr'i / tr'i tchih / tr'itr'ah tchih	**gutr'i / tr'i gu / tr'itr'ah gu**
100.000	900.000
bum tchih / bumtr'ah tchih	**bum gu / bumtr'ah gu**

Das allgemeine Zahlwort für Tausender lautet tong(tr'ah), das für Zehntausender tr'i(tr'ah) und das für Hunderttausender bum(tr'ah). Die davon abgeleiteten eigentlichen Zahlenbezeichnungen kommen in verschiedenen Varianten vor.

gja dang njisch'utsagssum
hundert und zwanzig-drei
123

**tongtr'ah-tchih dang
njigja-ssumtchussobschi**
tausend-ein und zweihundert-dreißig-vier
1234

dang (und) steht immer nur nach der größten Einheit.

Erster, zweiter, dritter, ...

Die Ordnungszahlen bildet man durch Anhängen von -pa. Einzige Ausnahme ist „erster": dʼangpo. Diese Zahlen benötigt man auch zur Bildung der Monate (dawa):

Diese Monatsbezeichnungen gelten für die westlichen wie für die tibetischen Monate. Das tibetische Neujahrsfest schwankt zwischen Mitte Februar und Anfang März unseres Jahres.

dawa dʼangpo	*Monat 1.*	Januar
dawa njiipa	*Monat 2.*	Februar
dawa ssumpa	*Monat 3.*	März
dawa schipa	*Monat 4.*	April
dawa ngapa	*Monat 5.*	Mai
dawa drʼugpa	*Monat 6.*	Juni
dawa dünpa	*Monat 7.*	Juli
dawa gjäpa	*Monat 8.*	August
dawa gupa	*Monat 9.*	September
dawa tchupa	*Monat 10.*	Oktober
dawa tchugtchipa	*Monat 11.*	November
dawa tchunjiipa	*Monat 12.*	Dezember

njima
Tag

tchida reh, bʼönda reh?
westlicher-Monat ist, tibetischer-Monat ist

schokäh
Morgen, Vormittag

Meinst du nach westlichem oder tibetischem Kalender?

njinung
Mittag

dün(trʼah)	**Woche**
sadawa	Montag
samimaa	Dienstag
salhagpa	Mittwoch
sapʼuubu	Donnerstag
sapassang	Freitag
sapenpa	Samstag
sanjima	Sonntag

gondah
Nachmittag, Abend

tsʼän
später Abend, Nacht

lo	**Jahr**
tchika	Frühling
jaaka	Sommer
tönka	Herbst
günka	Winter

d'ari / d'ering
heute

k'äässa / k'assang
gestern

Datum

lo gjätchugj'abdün, dawa schipää ts'epa tchih
Jahr achtzig-sieben, Monat vierter-des Datum eins
01. 04. 1987

k'äänjin
vorgestern

ssangnjin
morgen

Uhrzeit

nangnjin
übermorgen

d'anta tch'ütsöh g'atsäh reh
jetzt Stunde wie-viel ist
Wie spät ist es?

tch'ütsöh
Stunde

tch'ütsöh d'angpo dang kaama tchöönga
Stunde erste und Minute fünfzehn
Viertel nach eins.

kaama
Minute

tch'ütsöh njiipa dang tch'eka
Stunde zweite und Hälfte
Halb drei.

tch'ütsöh ssumpa simpa-la kaama tchu
Stunde dritte Erreichen-dem Minute zehn
Zehn vor drei.

d'anta	**tigts guh**	**dcheemah**	**ngäänmah**
jetzt	gleich	später	früher

Kurz-Knigge

Zur Kommunikation gehören auch Verhaltensmuster und Körpersprache. Werden Sie in Amdo z. B. zum Essen oder Tee eingeladen, erwartet der Einladende, dass Sie sich selbst bedienen. Fragende Blicke, zögernde Bewegungen oder Zusammenzucken eines Vegetariers vor dem zubereiteten „halben Yak" können den Gastgeber kränken.

In Lhasa sollte man sich die Schale vielleicht nicht gleich selbst auffüllen und den Tee nicht in einem Zuge austrinken, auch wenn man durstig ist. Absetzen und hinstellen, und dann abwarten, bis Ihnen (auch in eine noch fast volle Schale) nachgeschenkt wird. Die Schaufelbewegung des Verhungernden gilt einfach als hampa-ts'apo. Gierig, unverschämt und schockierend!

Auch die Art, wie Tibeter einer reisenden ausländischen Frau gegenübertreten, lässt sich – Blicke sind ein wichtiger Bestandteil der Körpersprache – regional interpretieren. Der respektvolle Amdowa erblickt in der Gesprächspartnerin nicht gleich „das Weib". Der K'ampa jedoch könnte sie stolzen und unverwandten Blickes ansehen (sofern er sie überhaupt wahrnimmt), im Bewusstsein, ein Mann zu sein – und insbesondere ein K'ampa. Der „gezähmte" Blick eines „verstädterten" Lhässami mag dagegen gerade das bedeuten, was er verbergen möchte.

Regionale Unterschiede bemerkt man auch in Sprechsituationen.

jangsse p'ehnang*
oft kommen-gewähren
Komm oft wieder!

Werden Sie in Amdo oder K'am auf diese Weise verabschiedet, mag das Interesse an Ihnen durchaus echt sein. In Lhasa könnte es dagegen auch „nur" Höflichkeit sein. Möchte sich ein Befragter lieber nicht äußern, so wird er dies eher kaschieren, als ein klares mareh oder minduh (Nein!) zu gebrauchen:

di ngäh hag'ugeminduh
dieses von-ich wissen-nicht
Das weiß ich nicht!

Doch nun kurz zu den wichtigsten Benimmregeln in Tibet, damit Sie nicht ins Fettnäpfchen treten.

Fassen Sie den Leuten nicht auf / an den Kopf oder das Haar an; auch Kindern nicht! Der Kopf ist der heiligste Körperteil, in dem die Seele ruht!

Aus dem gleichen Grund sollten Sie auch nie über kleine Kinder steigen oder eines der Kindern zwischen ihre langen Beine hindurchlaufen lassen.

Sollten Sie irgendwo Wäsche aufgehängt antreffen, gehen Sie nicht unter dieser hindurch.

In Tempeln, Klöstern, Höfen, auf den Feldern, auf einem Bergpass muss man alle heilige Bauwerke (z.B. Gebetsmauern, Statuen) immer im Uhrzeigersinn umrunden. Wenn Tibeter anwesend sind, machen Sie es ihnen einfach nach.

Geben und Nehmen geschieht immer mit beiden Händen. Also nicht mal eben mit der Rechten den Teller hinüberreichen und das (z.B. von links) dargebotene Glas der Bequemlichkeit halber nur mit der Linken annehmen.

Fassen Sie religiöse Gegenstände grundsätzlich nicht an.

Wollen Sie jemandem etwas schenken, hängen Sie dem zu Beschenkenden vorher eine Hada bzw. Khata (einen weißen Seidenschal, den man überall kaufen kann) um den Hals. Legen Sie nichts direkt auf den Boden.

Anrede

Je nachdem welches Alter, Geschlecht und welchen Stand Ihr Gegenüber hat, müssen Sie Ihre direkte Anrede wählen.

gegenüber jüngeren Leuten		
weiblich	männlich	
b'omo(laa)	**b'u(laa)**	*für Freunde/Bekannte*
(Mädchen, Tochter)	*(Junge, Sohn)*	
anilaa	**intcholaa**	*für Nonnen / Mönche*

	gegenüber älteren Leuten	
	weiblich	**männlich**
für Freunde /	**atchalaa** *(ält. Schwester)*	**dch'olah** *(ält. Bruder)*
Bekannte	**amalaa** *(Mutter)*	**paalaa** *(Vater)*
	moolaa *(Großmutter)*	**poolaa** *(Großvater)*
für ehemals Adlige	**ssähmo-kuschoh**	**ssäh-kuschoh**
	tcham-kuschoh	**kuschoh**
	tcham	**kungöh**
für Nonnen / Mönche	**anilaa**	**kuschohlaa**,
		gäänlaa

In Lhasa hat sich inzwischen gäänlaa als
Anrede für Mann und Frau unabhängig vom
Alter verbreitet. -laa wird als Respektsbezeu-
gung angehängt, daher kann es bei Kindern
weggelassen werden. Die Anreden für Adlige
sind bereits sehr respektvoll, daher ohne -laa.

Floskeln & Redewendungen

Ohne Höflichkeit kommt man in Tibet nicht weit. Hier also das Grundrüstzeug:

gongpa / gongpamatsung*	Entschuldigung
nangd'a* / nangronang*	bitte
t'otch'äh / t'otch'ehtschäh	Danke!
t'otch'ähnang*	Vielen Dank!
t'otch'ähmatschäh	Nein danke!

Eine Bitte wird durch den aus der Faust hochgestreckten Daumen angedeutet. Dazu leicht Hand auf und ab bewegen.

t'otch'ähnang*, kj'erang-gä* ssüüts'ih*
schimpu schiputchi duh
danke, du-von Mahlzeit lecker sehr es-gibt
Vielen Dank für den netten Abend! (privat)

kj'erang-gä* ngaa roh schiputchi nangssung*,
t'otch'ähnang*
du-von ich-dem Hilfe sehr gewährt, Dank-gewähren
Vielen Dank für deine Hilfe!

ohng	Ja, gut. (das „o" wie in Onkel)
ja	Ja (aber nur in K'am und Amdo gebräuchlich)
drihgere	Geht in Ordnung! Ja, okay.
drihss(ung)	(Schon) gut. – Hat wie im Deutschen auch eine negative Seite: „Es reicht!".
drihpa	Geht schon. Warum nicht?
jong-a	Geht. (Wörtlich: „Kommt")
reh	Ja, stimmt. Das ist so.
duh, jore	Ja, das gibt es.

ohng hört man auch als ngss, oh, ohngss, loh, lohng, lohngss. Dabei sollten Sie auch Nicken und bei Höhergestellten zusätzlich Luft einziehen.

Jetzt sollte man noch wissen, wie man dazu gestikuliert. Sagt man reh / drihgere in der Bedeutung „ja, okay", nickt man wie bei uns kurz mit dem Kopf von oben nach unten.

Sagt man drihgere in der Bedeutung „ja, von mir aus", legt man den Kopf etwas zur Seite.

Müssen Sie sich mal ablehnend äußern, gibt es folgende Möglichkeiten:

mareh	Nein, stimmt nicht, ist nicht so.
minduh	Nein, gibt's nicht.
jomare	Nein, gibt's nicht.
kutchi!	Bitte! (Also wirklich! Ich bitte dich!)
jugscho!	Lass! Lass gut sein! Vergiss es! wörtl.: Wirf's fort!

(di) jago minduh / jomare
(dieses) gut es-gibt-nicht
Das ist nicht so gut!

(di) drihgemare
(dieses) okay-nicht
Das geht aber nicht!

(di) ohnggemare
(dies) okay-nicht
Das geht so nicht!

nanggomare*
gewähren-nicht-benötigen
Ist doch nicht nötig!

jugschah-nangd'a* / **schah-nangd'a***
fortlegen-bitte-! / niederlegen-bitte-!
Bitte lass nur!/ Das ist doch nicht nötig!

d'endräh manang*
solches nicht-machen
Tu es bitte nicht!

(d'endräh) madch'ihd'a
(solches) nicht-machen-!
Lass das doch!

Floskeln & Redewendungen

madch'ih   **(di) g'andräh jinna, drihgemare**
nicht-machen   *(dieses) wie bin-wenn, okay-nicht*
Lass das!   Auf keinen Fall!

la* mään, t'otch'äh
nicht bin-nicht, danke
Nein, danke!

t'otch'äh, nga mään / mogoh
danke, ich bin-nicht / nicht-benötigen
Nein, danke!

gongpamatsung*, nga mään
Entschuldigung, ich bin-nicht
Entschuldigüng, aber ich möchte nicht.

t'otch'äh, d'a drihss / mään
danke, jetzt okay-geworden / bin-nicht
Danke nein, ich kann nicht mehr.

g'ää jomare
was-auch-immer es-gibt-nicht
Ist nichts passiert. / Schon gut!

ngäh g'a-gää t'oongmadchung
ich-von was-auch-immer gesehen-nicht-ich
Ich habe nichts gesehen.

Für „Ich habe nichts gesehen" sagen Tibeter „Ich habe das ‚was-es-auch-sein-mag' nicht gesehen." Sie müssen also immer ein verneintes Tätigkeitswort benutzen.

Für „etwas" nehmen Sie tchih *(eins)*:

tchih ts'äägejöh
eins suchen-ich
Ich suche gerade etwas.

Ausrufe & Gesten

Wenn Sie hinter einem Tibeter mit dem deutschem Ausruf „hoppla!", „au!" oder gar „auweia!" vom Pferd fallen, galoppiert Ihnen Ihr Vorreiter möglicherweise völlig ungerührt außer Sichtweite. Damit dies nicht passiert und er mehr Anteil an Ihrer Verfassung nehmen kann, hier die wichtigsten Ausrufe:

Freude	
ätsii	freudige Überraschung: „Toll!"
njingtchelaa	wenn etwas sehr schön ist: „Mann, ist das schön!"
otsi(laa)	unangenehme Überraschung: „Ach du liebes bisschen!"
jagelaa	wenn etwas sehr gut ist

Schmerz	
äruu / ou	bei dumpfem Schmerz
ats'a / ats'aa	bei stechendem Schmerz
ats'oo	wenn man sich verbrannt hat
atch'uu	wenn etwas viel zu kalt ist: „brrr!"
otse	beim Reiben gegen Schmerzen: „Ist ja schon gut! / Nicht so schlimm!"

Abscheu / Ärger

aangla	igitt!
p'ee	pfui!
aabo	grässlich! furchtbar!
mogoh	iih! nein! (Spinne im Bett!)
ts'ogpa	dreckig! bah!
jagpo mindu	unmöglich!
dugpalaa	Sauerei! Gemeinheit!
kj'äänts'aa	eigenartig! komisch!
dongnjänpa	wenn einem jemand auf die Nerven geht: „Oh Mann!" (wörtl.: Hässlicher!)
kjagpa (so)	Ach, halt's Maul! (wörtl.: [Iss] Scheiße!)
(p'aa)gjuh / (p'aa)dchuh	Weg! Verschwinde!
pets'aass(ung)	Oh, Mist!
d'a ts'aass(ung)	Jetzt ist alles aus!
dch'oorinpo	Wirklich! Ganz bestimmt! auch: Ich warne dich!

Bei „Oh Mist" werden die Lippen breit gezogen, die Augenbrauen hochgezogen, der Kopf vorgestreckt. Dabei saugt man stark und geräuschvoll Luft ein.

Zu „Verschwinde" macht man eine Winkbewegung mit der Handinnenfläche nach unten und eine Bewegung weg vom Körper. Arm leicht angehoben.

Bei „Fürchterlich, nicht auszudenken!" werden die Schultern hochgezogen, die Halsmuskeln angespannt, und der Kopf zittert.

Will man jemanden mit „Mistkerl!" beleidigen, streckt man ihm sein Hinterteil entgegen.

Und falls jemand eine wirklich lange Leitung hat und es anscheinend nicht kapiert, heißt es:

Ist man wirklich verärgert à la „Leck mich am Arsch!", schlägt man sich mit der rechten Hand in die linke Ellenbeuge und zieht die linke Hand dabei hoch.

aalä	Ach sooo! Kapiert!

Das erste Gespräch

Es spricht Sie jemand an oder ruft Sie. Sie reagieren darauf am besten mit laah / looh (mit langem, fallenden Ton): „Ja! Was gibt's?"

Ruft man jemanden über größere Entfernung her, bewegt man die Arme kreisartig mit der Handinnenseite nach oben bzw. zum Körper hin. Wenn die Person recht nah ist, ist es höflicher, eine Winkbewegung mit der Handinnenseite nach unten zum Körper hin zu machen. Dabei ist die Hand auf Augenhöhe:

Nach Blickkontakt winkt man Ihnen herzukommen mit einer großen, schrägen Rückwärtsbewegung des Kopfes.

ts'uu sch'oh		**dee p'ehnang***
hierher komm!		*hier kommen-gewähren*
Komm her!		Komm her!

trasch'ih-deleh	Guten Tag ...
aro / ölee / k'oong /	He, Hallo ...
k'ore / aro-k'ore	
t'äh-o	Hallo / Tschüss (im Vorbeigehen)

Bei Gleichgestellten und Jüngeren nickt man, wenn man t'äho sagt.

Verabschieden

wünscht man dem Bleibenden

g'alii schuh*	**schuh-a***
langsam bleiben	*bleiben-!*
Auf Wiedersehen!	Komm gut nach Hause!

Beim Abschied sollten Sie bei Höhergestellten nicken und Luft einziehen.

g'alii p'eh*
langsam gehen
Komm gut nach Hause!

t'äh-a*
gehen-!
Tschüss!

wünscht man dem
Gehenden

tchibgjuu-nang*-a
galoppieren-machen-!
Einen schönen Tag noch! Auf Wiedersehen!

sehr höflicher
Ausdruck

goonda, (nga ...)   Entschuldigung, (ich) ...

nga kandri tchih schujahjöh
ich Auskunft eine erbitten-ich
Ich hätte gern gewusst ...

g'apaa t'ähka*
wohin gehen(-werden)-?
Hallo! Tag! Wohin des Wegs?

p'aats tchi drugejin
dorthin einmal gehen-werden-ich
Ich möchte nach ...

tchi (einmal, < tchih
„eins") wird oft nur
tch, chi, ch ausge-
sprochen.

gjätchugj'anga | **85**

kaläh nangmadchung-ngäh*
müde gemacht-nicht-ich-?
Müde? Erschöpft? War's anstrengend?

Woher man kommt und wohin man will

kj'erang* g'anäh p'ehpa*
du woher gekommen-?
Woher kommst du?

kj'erang* lungpa g'apaa / g'anäh jin
du Gegend wo / woher bin
Woher kommst du?

kj'erang* g'anäh jin	**nga Jorob-nä jin**
du woher bin	*ich Europa-von-her bin*
Woher kommst du?	Ich komme aus Europa.

kj'erang* gjääkab g'anäh / g'agi jin
du Staat woher/welcher bin
Aus welchem Land kommst du?

kj'erang* p'ajüüh g'apaa jin
du Heimat wo bin
Aus welchem Land kommst du?

nga dchermänmi jin
ich Deutscher bin
Ich komme aus Deutschland.

Österreich wird auch nach chinesischer Art Aotili genannt.

Ossetirija	Österreich
Ssuwids'alända / Sswisse	Schweiz
Hölanda	Holland

Gjag'aar	Indien
Pakissetan	Pakistan
Druhjüü	Bhutan
B'äjüü	Nepal

🔊 **kj'erang* g'apaa t'ähka***
du wo gehen-(werden-)?
Wohin fährst du?

🔊 **nga Arih-la drongään jin**
ich Ari-dem Gehender bin
Ich möchte nach Ari fahren.

Name

🔊 **kj'erang*-ge ming-la g'arähsa**
du-des Name-dem was-sagen
Wie heißt du?

🔊 **nga ming-la ... segijöh**
ich Name-dem ... heißen-ich
Ich heiße ...

Alter

🔊 **kj'erang* gonglo* g'atsäh jin**
du Alter wie-viel bin
Wie alt bist du?

🔊 **nga lo ssumtchu jin**
ich Jahr dreißig bin
Ich bin dreißig.

Das erste Gespräch

gänpa	alt (Person)
schönpa	jung
kampo	dünn (Personen)
gjagpa	dick (Personen)
kjopo	arm
dsigpo / tch'ugpo	reich
kugpa	dumm
tchangpo	klug
tsündrüh-tch'enpo	fleißig
gjila-ngänpo	faul

Beruf

kj'erang* tch'aläh* g'are nanggejöh*
du Arbeit was machen-ich
Was arbeitest du?

nga labdrawa / labdrah jin
ich Schüler / Student bin
Ich bin Schüler/Student.

emtchi	Arzt
soba	Arbeiter
ts'ongba	Geschäftsmann
soträ utch'en	Ingenieur
ts'agpar gjanjen	Journalist
nähjohma	Krankenschwester
shingba	Landwirt
geegen	Lehrer
geegen chemo	Professor
trimds'öba	Rechtsanwalt

Famlie

🗣 **kj'erang* tch'angssa kjönjöpäh***
du Heirat gemacht-ich-?
Bist du verheiratet?

🗣 **tch'angssa gjabpajin / gjabmäh**
Heirat gemacht-ich / gemacht-nicht-ich
Ich bin verheiratet. / Nein, ich bin noch frei.

🗣 **kj'erang* puk'u / püngjah jöpäh**
du Kind / Verwandte es-gibt(-für-mich)-?
Haben Sie Kinder / Verwandte?

🗣 **b'u tchih b'omo tchih**
Sohn eins Tochter eins
Ja, ich habe einen Sohn und eine Tochter.

nga dch'olah tchih atchalaa tchih jöh
ich älterer-Bruder eins ältere-Schwester eins es-gibt
Ja, ich habe einen älteren Bruder und eine
ältere Schwester.

Damit Sie sich auch im jeweiligen Familiendschungel zurechtfinden, hier die wichtigsten Verwandschaftsbezeichnungen

puk'u	Kind
b'u	Junge, Sohn
b'omo	Mädchen, Tochter
awa*	Kind, Junge, Sohn, Mädchen, Tochter
paalaa*	Vater
amalaa*	Mutter
dch'olah*	älterer Bruder
atchalaa*	ältere Schwester
ogmah	jüngere Geschwister, jüngerer Bruder / Schwester
püngjah	(bluts)verwandt, Geschwister (alle)
kjemään	Ehefrau, Frau
kj'oka	Ehemann, Mann
kunda*	Ehemann, -frau

Zu Gast sein

Sollten Sie einmal Gelegenheit haben bei Tibetern zu Hause oder im Nomadenzelt aus Yak-Haar (ba) zu Gast zu sein, werden Sie noch ein wenig mehr Vokabular benötigen:

tch'ap'eh*-nangdchung*
Ankunft-gewährt-ich
Willkommen! / Guten Tag! / Komm herein!

🖐 **jaa p'ehnang***
herauf kommen-gewähren
Komm bitte herein!

🖐 **kj'erang* kusu* debo jinpäh**
du Körper gut bin-?
Wie geht es Ihnen?

🖐 **la jin, nga ssugpo debo jin**
ja bin, ich Körper gut bin
Gut, danke. Mir geht es gut.

🖐 **schudään*-dchahg'o***
Sitzpolster-sitzen-!(-ich)
Setz dich bitte!

🖐 **ssöödch'a* g'ang tch'öh***
Tee eine-Tasse trinken
Wie wär's mit einem Tee?

jaa p'eh-nang* wird
von einer einladenden
Geste mit der flachen
Hand begleitet,
dabei zeigt die
Handinnenseite
schräg nach oben.*

Zu Gast sein

Wenn Sie sich ein wenig für die Haushalts-
gegenstände der Tibeter interessieren, finden
Sie hier die fremdartigen Utensilien:

luhssa	Universalwort für jede Art von Behälter; Gegenstand, in den man etwas hineintun kann
gjoh	Schöpfkelle
dongmo	Holzfass zum Buttertee machen
sch'ingp'or	Birkenholzschale
dz'üüp'or	Jadeschale
p'orpa	Trinktasse
kaajöö	Porzellan
manik'orlo	Gebetsmühle
go(wä)dr'u	Boot aus Yakhäuten

Wollen Sie ein paar Komplimente machen:

kangpa di njingtchepo schiputch duh
Haus dieses schön sehr es-gibt
Sie haben aber ein schönes Haus.

schäälah* schimpu schiputch duh
Essen lecker sehr es-gibt
Ihr Essen schmeckt wirklich ausgezeichnet!

nga b'öbä k'ala gabo duh
ich tibetisch Essen gefallen es-gibt
Ich mag tibetisches Essen.

nga dr'okoh gjahssung
ich Bauch gesättigt
Ich bin satt. / Ich kann nicht mehr.

kjipu schiputch dch'ung
angenehm sehr bekommen
Es war sehr schön (bei Ihnen).

d'a schiputch dähssung
jetzt sehr gesessen
Jetzt bin ich aber lange geblieben.

d'a nga drugejin   **d'a ngantso drogore**
jetzt ich gehen-werden-ich   *jetzt wir gehen-benötigen*
Ich muss jetzt gehen!   Jetzt müssen wir aber!

d'a dro   **simdch'ah nang goh**
jetzt gehen   *Schlaf-sanft machen mögen*
Gehen wir!   Gute Nacht!

(dcheemah) dchääjong*
(später) treffen-werden
Auf Wiedersehen! / Bis später! / Bis dann!

gjogo dchääjong*   **ssangnjin dchääjong***
schnell treffen-werden   *morgen treffen-kommen*
Bis gleich!   Bis morgen!

dcheemah nga jang b'öh-la jonggejin
später ich wieder Tibet-dem kommen-werden-ich
Ich komme bestimmt wieder nach Tibet.

kj'erang*-ge schussää*-k'adch'ang ngaa tchi
dr'ihnangd'a*
du-des Adresse ich-dem eins schreiben-gewähren-!
Schreibst du mir bitte deine Adresse auf?

Unterwegs

Wenn Sie nach dem Weg fragen wollen:

ལ་ལམ་ཀ་ག་འདྲས་འགྲོ་དགོས་རེད

... -la lamkah g'andrähss drogore
-dem Weg wie gehen-benötigen
Wie komme ich nach / zu ... ?

འགྲོ་ས་འི་ལམ་ཀ་ག་པར་རེད

... -la drossää lamkah g'apaa reh
-dem gehender Weg wo ist
Wie komme ich nach / zum ... ?

དགོན་པ	**gompa**	Kloster
མཆོད་རྟེན	**tch'örten**	Stupa
ཡུལ་སྐོར་འགྲོ་འཆམ་ལས་ཁུངས	**jüükor drontch'am läk'ung**	Touristen-Info
སྐྱེ་བདེ་ལས་ཁུངས	**tch'ide läk'ung**	Polizeistation
གནམ་གྲུ་བབས་ཐང	**nam(dru b'ab) tang**	Flughafen
རླངས་འཁོར་འབབ་ཚུགས་ཁང	**langg'or b'abtsuh k'hang**	Busbahnhof
ཁྲོམ་ར	**dr'om(a)**	Markt

ང་ ... ལ་འགྲོ་གི་ཡིན / འགྲོ་མཁན་ཡིན

nga ... -la drugejin / drongään jin
ich ... -dem gehen-werden-ich / Gehender bin
Ich möchte nach ...

... ས་བཀྲ་ཡོད་པ་ས

... ssapdra jöpäh
... Karte es-gibt(-für-mich)-?
Haben Sie eine Karte von ...?

ལ་འདིན་ན་མོ་ཊ་ཡོད་རེད་པས།

... -la tch'in-na, modra jorepäh

... -dem gehen-wenn Wagen es-gibt-?

Gibt es einen Bus nach ...?

namdru	Flugzeug	གནམ་གྲུ།
tasch'ing k'orlo	Pferdewagen	རྟ་ཤིང་འཁོར་ལོ
modra	Taxi	མོ་ཊ
datra	LKW	(མོ་)ཊ་ཁག

Das Wort modra, *„Auto“ (aus Englisch:* motorcar*), deckt großzügig so gut wie alles ab, was vier Räder hat!*

མོ་ཊ་འདི་...ལ་འགྲོ་གི་རེད་པས།
modra di ... -la drugerepäh
Auto dieses ... -dem gehen-werden-?
Ist das der Bus nach ... ?

ལམ་ཀ་འདི་...ལ་སླེབས་ཀྱི་རེད་པས།
lamkah di ... -la lehgerepäh
Weg dieser ... -dem ankommen-werden-?
Kommt man hier nach ... ?

གངས་རིན་པོ་ཆེ་	**G'ang Rimpotche**	Mt. Kailash
ཇོ་མོ་གླང་མ་	**Dsch'omo Langma**	Mt. Everest
ཀ་ཋ་མན་ཋ་	**K'at'mand'u**	Kathmandu
ལྷ་ས་	**Lhässa**	Lhasa
གཞིས་ཀ་	**Schikats'e**	Shigatse
རྒྱལ་	**Gjands'e**	Gyantse
ལ་དྭགས་	**La Dag**	Ladakh
པོ་བྲང་པོ་ཊ་ལ་	**podrang Potala**	Potala-Palast
དགའ་ལྡན་	**Gandän**	Ganden

...ལ་ཕྱིན་ན་ཐག་རིང་ལོས་ཡོད་རེད།
...-la tch'in-na, t'ah ringlöh jore
...-dem gehen-wenn, Entfernung lang-wie es-gibt
Wie weit ist es nach ... ?

...ལ་ཕྱིན་ན་ལམ་ཀ་ཆུ་ཚོད་ ཉི་མ་ ཀི་ལོ་ག་ཚད་འགོར་གྱི་རེད།
...-la tch'in-na, lamkah tch'ütsöh / njima / tchili g'atsäh gore
...- dem gehen-wenn, Weg Stunde / Tag / Kilometer wie-viel benötigen
Wie viele Stunden / Tage / Kilometer sind es bis ... ?

ནས་ཆུ་ཚོད་ག་ཚོད་འགྲོ་གི་རེད།

...-nä tch'utsöh g'atsäh drugere

...-von-her Stunde wie-viel fahren-werden-?

Wann wird er von ... losfahren.

དོ་དགོང་...ལ་སླེབས་ཀྱི་རེད་པས།

togong ...-la lehgerepäh

heute-Abend ...-dem ankommen-werden-?

Kommen wir heute Abend in ... an?

njin-gung-la	mittags
ssa marub gong-la	bevor es dunkel wird
togong	heute Abend
ssangnjin	morgen

lamkah norscha, kj'erang* tch'iiloh-gjabgore

Weg falsch-sein, du Umkehr-machen-benötigen

Da bist du hier falsch, du musst zurückgehen!

lamkah ... dugäh

Weg ... ist-?

Ist der Weg ...?

t'u (saabo)	(steil) bergab
känlajaa / kän saabo	bergauf / steil bergauf
schangka-tch'impu	breit
g'uguh	gebogen
drongpo	gerade
dchampo	glatt
jagpo	gut
t'ungt'ung	kurz
ringpo	lang

lälapo	leicht (einfach)
dugtchah	schlecht
d'ogpo	schmal
gjogpo	schnell
k'agpo	schwierig
saabo	steil

In den Bergen, aber auch in der Stadt kann man sich leicht verlaufen, also fragen Sie lieber vorher nach:

ཕྱོགས་ག་རེ་རེད

tch'oh g'apaa
Richtung welche
Welche Richtung?

jöön / jönma	links
jäh / jääpa	rechts
t'äka / k'art'uh / sch'aakjah	geradeaus
dee	hierher
p'aats	dorthin
jaa	(den Pass) hinauf
maa	(ins Tal) hinunter
dch'ang	Norden
dch'angsch'aa	Nordosten
nubdch'ang	Nordwesten
lho	Süden
sch'aalho	Südosten
lhonub	Südwesten
sch'aa	Osten
nub	Westen

Wenn Ihnen das als Information immer noch nicht genügt, benötigen Sie noch folgende Wörter:

t'ah-njepo	nah
t'ah-ringpo	weit, fern
gjabla	hinter
dünla	vor
nangla	drinnen
tchilola	draußen
depah	hier
p'aa	dort
tr'ila	in der Nähe
drong sseb	Dorf
samba	Brücke

ང་མོཏ་ཅིག་འཚོལ་ཀྱི་ཡོད།

nga modra tchi ts'äägejin
ich Auto eins suchen-werden-ich
Ich suche eine Mitfahrgelegenheit.

ཁྱེད་རང་ ···ལ་ཕེབས་ཀྱི་ཡིན་པས།

kj'erang* ...-la p'ehgejinpäh*
du ...-dem fahren-werden-ich-?
Fährst du nach ... ?

ཁྱེད་རང་གིས་ང་པར་ཚམ་འཁྲིད་གནང་ན་བསྐྱག་གི་རེད་པས།

kj'erang*-gä nga p'aats tr'ihnangna*,
drihgerepäh
du-von ich dorthin mitnehmen-gewähren-wenn,
gehen-werden-?
Könntest du mich bis dorthin mitnehmen?

Wenn Sie in der Kabine oder hinten auf der
Ladefläche mitfahren konnten, brauchen Sie
sicherlich noch folgende Wendungen:

ཏ་ཁག་བཀག་རོགས་གནང་།

datra gahronang*
LKW anhalten-Hilfe-machen
Bitte halten Sie an.

ང་གཅིན་པ་བཏང་དགོས་ཡོད།

nga tch'impa tanggojöh
ich Urin senden-benötigen-ich
Ich muss mal.

ང་དཔར་གཅིག་བརྒྱབ་དགོས་ཡོད་

nga par tchih gjabgojöh
ich Foto eins machen-benötigen-ich
Ich möchte ein Foto machen.

Wenn Sie Pech haben, lehnt der Fahrer ab, und Sie müssen sich doch darauf einstellen, den nächsten Bus zu nehmen.

🕭 **... -la lehgemare**
... -dem ankommen-nicht-werden
Da fahren wir nicht hin.

... -la drugemare
... -dem fahren-nicht-werden
Da fahren wir nicht hin.

🕭 **drugemään**
fahren-nicht-ich
Dort möchte ich aber nicht hin.

🕭 **en, t'otch'ähnang***
dann, danken-gewähren
Also dann, vielen Dank!

mieten/ leihen

ང་རྟ། རྐང་སྒྲ་རྨའི་བཞོན་ས་འགྲོ་གི་ཡིན།
nga ta / kanggari schöndchä drugejin
ich Pferd / Fahrrad reiten-und gehen-werden-ich
Ich möchte gern per Pferd / Fahrrad hin.

ta (Pferd), la (mieten) sind mit hohem kurzen Ton zu sprechen.

ta	Pferd	རྟ།
b'ongbu	Esel	བོང་བུ།
käma / dre	Lasttier	ཁལ་མ་ དྲེལ།
modra / dchip	Jeep	མོ་ཊ་ཇིབ།
modra / langk'or	Minibus	མོ་ཊ་ རྡངས་འཁོར།
kanggari	Fahrrad	རྐང་སྒྲ་རེལ།

ངས་གཅིག་བླ་གི་ཡིན༌ བླ་སྙིང་འདོད་གིས།

ngäh ... tchih lagejin / lanjingdögih

ich-von ... ein mieten-werden-ich / mieten-mögen

Ich würde gern ein ... mieten.

Wenn Sie sich irgendwo festgefahren haben, hilft oft eine Schaufel – dch'ahma.

ང་ལམ་རྒྱུས་ད་གཏན་ཅིག་དགོས།

nga lamgjüü / tangnjen tchih gojöh

ich Führer / Fahrer eins benötigen-ich

Ich brauche einen Führer / Fahrer.

དེར་བླ་ས་ཡོད་རེད་པས།

depah ... lassa jorepäh

hier ... mieten-Ort es-gibt-?

Kann man sich hier irgendwo ein ... mieten?

བླ་ག་ཚོད་རེད།

la g'atsäh reh

Miete wie-viel ist

Was würde das kosten?

njima rere	pro Tag
tch'utsöh rere	pro Stunde
sag'oo rere	pro Woche
dawa rere	pro Monat

Natur erleben

In den Bergen Tibets erlebt man Natur wirklich fast pur – die Luft ist rein, das Wasser ist klar und die Welt ist noch in Ordnung.

sch'ingdong	Baum
ri	Berg
la	Bergpass
metog	Blume
t'ang	Ebene
schingga	Feld
ts'angpo / tch'u	Fluss
nä	Gerste
tr'u	Getreide, Weizen
ds'a	Gras
ds'aga	Grasland
tch'utsen	heiße Quelle
p'ug	Höhle
g'angri	Schneegipfel
ts'o	See
sch'ingnah	Wald

Die Vegetation in Tibet ist sehr unterschiedlich, aber darüber unterhalten werden Sie sich wohl kaum, außer über die Dinge die zum täglichen Leben angebaut werden (siehe Kapitel Essen & Trinken):

sch'ingga di-la di g'are reh
Feld dieser-dem dieses was ist
Was ist das auf dem Feld?

In Tibet trifft man denn auch auf andersartige Tiere (ssemtchen), oder spricht über gewisse Tiere, die in den Mythen der Tibeter eine Rolle spielen:

Einen Ort der Luftbestattung erkennen Sie meist von weitem an den kreisenden Geiern (dch'agöh) in der Luft.

Tibet ist die Heimat des mystischen Yeti – mid'om / miköh.

Elefanten (langtch'en) gibt es zwar nur in Indien, aber sie werden oft in der buddhistischen Kunst dargestellt.

Geben Sie vor den Hunden (kj'i) in Tibet Acht. Es sind meist wilde Tiere, die schon häufig Menschen angefallen haben. In der Nähe von Tempeln gibt es immer sehr viele Hunde, weil die Tibeter glauben, dass diese Reinkarnationen verstorbener Lamas sind.

Nutztiere

b'ongbu / ta	Esel / Pferd
dch'ad'e	Hühner (allg.)
dch'amo / dch'apo	Huhn / Hahn
(b'a)lang	Rind (allg.)
b'amo / langgoh	Kuh / Stier
dre / p'agpa	Maultier / Schwein
dso / dsomo	Rind-Yak (m/w)
luh / ra	Schaf / Ziege
jah / dri	Yak (m/w)

wilde Tiere

piu / d'om	Affe / Bär
tch'udch'a / nja	Ente / Fisch
abra	kleine Erdhörnchen
tsitsigampo	Fledermaus
bääpa(ng)	Frosch
wamo / tsöh	Fuchs / Gemse
p'oroh / dch'ablah	Krähe / Adler
dch'a, dch'iu	Vogel
sih / ssengge	Leopard / Löwe
schimi / tah	Katze / Tiger
tchangku / ribung	Wolf / Hase
kjang	Wildpferd, -esel
p'aagöh	Wildschwein
drong	Wildrind

Das Wetter ist bei Touren in Tibet immer von Bedeutung. Es kann über Nacht urplötzlich schneien, und dann stecken Sie mit Ihrem Jeep irgendwo fest. Fragen Sie also am besten die Tibeter nach den Wetterkonditionen:

Kamele (amoo) *kennt man natürlich aus dem Norden, wo sie von jeher für Karawanen durch die Taklamakan-Wüste auf der Seidenstraße eingesetzt wurden.*

ཆར་པ་བཏང་གི་རེད་པས།

tch'arpa danggerepäh
Regen senden-werden-?
Wird es regnen?

གངས་འབབ་ཀྱི་རེད་པས།

g'ang b'abgerepäh
Schnee fallen-werden-?
Wird es schneien?

drimba / mugpa	Wolke / Nebel
ssera / kj'agpa	Hagel / Eis
tch'arpa / g'ang	Regen / Schnee
kaama / dawa	Stern / Mond
namtch'ih	Wetter
ssiipo / dr'angmo	kühl / kalt
ts'apo / dr'opo	heiß / warm
lönpa / kampo	nass / trocken

Kultur erleben

Die tibetische Kultur fasziniert viele Reisende, und Sie können sie am besten auf Tempelfesten, bei einem Pferde-Festival oder beim Besuch eines Klosters erleben.

Wenn Ihnen jedoch ein Datum für ein Fest genannt wird, sollten Sie sich erkundigen, auf welchen Kalender man sich bezieht, sonst verpassen Sie das Fest womöglich. Der tibetische Mondkalender basiert nämlich auf einem Zyklus von 60 Jahren, unterteilt in 12 Tierzeichen und kombiniert mit fünf Elementen. Es ist daher nicht immer einfach herauszufinden, auf welchen Tag ein Fest nach unserem Sonnenkalender fällt.

Die Festzelte sind leicht zu erkennen mit ihren aufgenähten Mustern in dunkelblau, gelb und rot auf weißem Stoff.

düütch'en	Fest
tagjuh	Pferde-Festival
gompäh düütch'en	Tempelfest
b'önda	tibet. Mondkalender
tchida	Sonnenkalender
mönlam	tibet. Neujahrsfest
g'ur	Festzelt

Ohne Tänze ist ein tibetisches Fest nicht denkbar, und noch weniger denkbar ist ein Tag ohne Singen. Bereiten Sie sich also darauf vor, auch einmal zum Singen gebeten zu werden.

g'orschää	Kreistanz in Lhasa
g'ordong	Kreistanz in Amdo
toschää	Stampftanz aus dem Norden
leschää	Chorsingen bei der Arbeit
lhamo	tibetische Oper

Hier ist auch noch ein wenig buddhistisches
Vokabular:

b'ön	Bön-Religion	*b'ön ist ein*
ssang gjäh	Buddha	*vorbuddhistischer*
lhak'ang	buddhist. Tempel	*Glaube der Tibeter,*
t'angka	buddhist. Rollbild	*deren Elemente auch*
tr'enga	buddh. „Rosenkranz"	*heute noch im*
drung	Erzähler	*buddhistischen*
dartchog, lungta	farbige Gebetsflaggen	*Glauben integriert*
manidop'ug	Gebetssteinhaufen	*sind.*
dungten, sseedung	Grabstupa	
manik'orlo	Gebetsmühle	
gompa	Kloster	
purdung	Kremierungsstupa	
d'uur dr'öh	Luftbestattung	
kuschohlaa	Mönch (alt)	
intcholaa	Mönch (jung)	
anilaa	Nonne	
deu	Rätselsänger	
p'öh	Räucherwaren	
ssäh kjingkoo	Sandmandala	
kundra	Skulptur	
tch'örten	Stupa	
dedri	Wandmalerei	

drapa / ani d'ets'o tch'öluh k'are reh
Mönche / Nonnen diese Religionsschule welche sind
Welcher Schule gehören diese Mönche /
Nonnen an?

njingmapa	1. tibetische Schule
sakjapa	2. tibetische Schule
kagjüpa	mündlich überlieferte Schule
gelugpa	Tugendschule

Wollen Sie sich über die dargestellten buddhistischen Skulpturen informieren, können
Sie fragen:

di ssu reh	**kundra di ssüü reh**
dieses wer ist	*Skulptur diese wessen ist*
Wer ist das?	Wen stellt die Skulptur dar?

Übernachten

Auf der Suche nach einem nächtlichen Quartier sollte man in Tibet nie wählerisch sein, ausgenommen vielleicht in Lhasa.

དེར་ཉལ་ས་ག་པར་ཡོད་རེད།

depah njäässa g'apaa jore

hier schlafen-Ort wo es-gibt

Wo kann man hier übernachten?

ང་ཚོ་དོ་དགོང་དེར་བསྡད་ན་བསྒྲིག་གི་རེད་པས།

ngants'o togong dee dähna drigerepäh

wir heute-Nacht hier bleiben-wenn okay-werden-?

Können wir heute Nacht bei dir bleiben?

དེར་ཉལ་ཁང་ཡོད་རེད་པས།

depah njääk'ang jorepäh

hier Herberge es-gibt-?

Gibt es hier eine Herberge?

ཁྱེད་རྣམ་པ་ཁང་མིག །ཉལ་ས་སྟོང་བ་ཡོད་རེད་པས།

kj'erangnampa* k'angmih / njäässa tongwa jorepäh

ihr Zimmer / schlafen-Ort leer es-gibt-?

Habt ihr ein freies Zimmer / Schlafstelle?

drönk'ang	Gasthaus	མགྲོན་ཁང
njääk'ang	Herberge	ཉལ་ཁང
njäässa	Schlafplatz	ཉལ་ས
g'ur	Zelt	གུར
k'angmih	Zimmer	ཁང་མིག

ཁང་གླ། གོང་ག་ཚོད་རེད།

k'angla / g'ong g'atsäh reh

Zimmermiete / Preis wie-viel ist

Was kostet es?

dee d'ugloh tr'ut'uhgedukäh

hier Kleidung waschen-können-ich-?

Kann ich hier irgendwo meine Kleider
waschen?

Das Wort densche
wird für „Fernseher"
mittlerweile auch sehr
häufig verwendet.

njäätr'i	Bett
njääräh	Bettlaken
njääsän, kampaali	Bettdecke
kamtch'ung lohnjen	Fernseher
mesch'ing, schuusch'ing	Feuerholz
tch'u köma	gekochtes Wasser
adchor	Handtuch
jangla	Kerze
njäängo	Kopfkissen
njääshub	Kopfkissenbezug
schuma	Lampe
den	Matratze
rädiju, lung tr'een	Radio
demih	Schlüssel
jihds'i	Seife
mugsse, ts'agdra	Streichhölzer
k'apaa	Telefon
dch'adam	Thermosflasche (gekochtes Wasser)
tch'u ts'abo	Warmwasser
dch'o	Yakdung (zum Befeuern)

tr'uk'ang / tr'usch'ong g'apaa jore
Badehaus / Waschbecken wo es-gibt
Wo ist das Badehaus / Waschbecken?

njääk'ang / njäätch'äh di ts'ogpa reh
Hotelzimmer / Bettzeug dieses schmutzig ist
Das Zimmer / die Bettwäsche ist dreckig.

nga kj'agih
ich kalt-sein
Mir ist kalt.

kj'erang* nga-la kampaali tadung tchih jöpäh
du ich-dem Decke zusätzlich eins es-gibt(-für-mich)
Haben Sie noch eine Decke?

schuma di gj'öön schooschah
Lampe diese Schaden genommen-scheint
Die Lampe ist kaputt.

kj'erang* b'umään jöpäh
du Insektenmittel es-gibt(-für-mich)
Haben Sie ein Insektenspray?

b'u	Insekten
dr'omah / dom	Ameise / Spinne
banggu / d'ugbang	Fliege / Mücke
dchuo / sch'ig	Floh / Laus
tsitsi / drüü	Maus / Schlange

drüü duh, rogpa nangd'a
Schlange ist Hilfe machen-!
Hilfe, hier ist eine Schlange!

Toilette & Co.

Die Toilette kann in Tibet ein Erlebnis der ganz besonderen Art werden, da sie sich üblicherweise irgendwo im Dorf befindet. Private Toiletten gibt es kaum.

nga lagpa tchi tr'ugejin
ich Hand mal waschen-werden-ich
Kann ich mir mal die Hände waschen?

གསང་སྤྱོད་གཔའཔཱར་ཡོད་རེད།

ssangtchöh g'apaa jore
Toilette wo es-gibt
Wo ist die Toilette?

ssangtchö sch'ugu jorepäh
Toilette Papier es-gibt-?
Haben Sie Toilettenpapier?

Essen & Trinken

Inzwischen sind in größeren Orten sak'ang *(Esshäuser)* und dch'ak'ang *(Teehäuser)* zahlreicher geworden. Aber in kleineren Orten und Dörfern sollte man eventuell etwas Trockenproviant bzw. Konserven mitnehmen. Es ist natürlich immer fraglich, ob man dorthin überhaupt eine Reiseerlaubnis (paasse) erhält. Zur Not fragen Sie, ob man bereit wäre, etwas Milch, Joghurt oder Eier zu verkaufen. Denken Sie daran: Subsistenzwirtschaft füttert keine zusätzlichen Münder!

Wenn Sie zunächst Ihrem guten tibetischen Freund Ihre Hungergefühle mitteilen wollen:

nga dr'okoh tohgih
ich Bauch hungrig
Ich habe Hunger.

nga k'a komgih
ich Mund durstig
Ich habe Durst.

Um sich gegenüber Fremden etwas genauer auszudrücken:

དེར་ཟ་ཡག་ཚོང་ས་ག་པར་ཡོད་རེད།

depah sajah ts'ongssa g'apaa jore
hier Essbares verkaufen-Ort wo es-gibt
Wo kann man hier etwas zu Essen kaufen?

དེར་ཟ་ཁང་། ཁྲོམ། ཇ་ཁང་ཡོད་རེད་པས།

depah sak'ang / tr'om / dch'ak'ang jorepäh
hier Esshaus / Markt / Teehaus es-gibt-?
Gibt's hier ein Esshaus / Markt / Teehaus?

ཟ་ཨག་ཅིག་ཆུ་ཚོང་ཇོ་པ་ཨག་ཡོད་རེད་པས།

sajah tigts tsongjah jöpäh, ngäh ngüü trähgejin

Essbares ein-wenig zu-verkaufen
es-gibt(-für-mich)-?, ich-von Geld geben-werden-ich
Könnte ich dir etwas zu Essen abkaufen?

schäälah* g'are-g'are jore

Essen was-was es-gibt
Was gibt's denn bei Ihnen Gutes zu essen?

nga t'abtsang nang-la tähtch'ohgerepäh

ich Küche Inneres-dem sehen-dürfen-werden-?
Darf ich selbst in die Küche schauen?

ngäh tähdch'ä labgejin

ich-von sehen-und sagen-werden-ich
Ich muss es erst sehen.

ང་འདི་མི་དགོས།	ང་...དགོས་ཡོད།	འདི་གོང་ག་ཚད་རེད།
nga di mogoh	**nga ... gojöh**	**di g'ong g'atsäh reh**
ich diesess nicht-mögen	*ich ... benötigen-ich*	*dieses Preis wie-viel ist*
Das möchte ich nicht.	Ich hätte gern ...	Was kostet das?

Einige nützliche Eigenschaftswörter:

k'atih / schimpo	bitter / lecker
schibschih / dogdoh	fein / grob (Mehl etc.)
ts'öpo / dchenpa	gar / roh
ts'apo / dr'opo	heiß / warm
dr'angmo / ssiipo	kalt / kühl
k'ats'apo	salzig, scharf
ngaamo / kjuumo	süß / sauer

Und nun zu dem, was Sie alles in Tibet zu essen angeboten bekommen

dräh	Reis	འབྲས།
sch'amdräh	Curryreis mit Rindfleisch,	ཤ་འབྲས།
schomdräh	Reis mit Jogurt und Zucker	ཞོ་འབྲས།
drähssii	süßer Reis	འབྲས་སིལ།
b'aaleh	Fladen, Brot	བག་ལེབ།
sch'ab'aaleh	Brot mit Fleischfüllung	ཤ་བག་ལེབ།
tsampa	geröstetes Gerstenmehl	རྩམ་པ།
pah	Bällchen aus tsampa + Tee	སྤགས།
momoh	gedämpfte Teigtaschen	མོག་མོག
sch'amomoh	gedämpfte Teigtaschen mit Fleischfüllung	ཤ་མོག་མོག
t'ugpa	Nudelsuppe	ཐུག་པ།
b'atsamarku	mit Käse, Butter und Zucker	
p'ing	Glasnudeln	ཕིང་།
gjat'uh	chinesische Nudelsuppe	རྒྱ་ཐུག
gonga	Eier	སྒོང་ང་།

Fleisch (sch'a) ཤ།

dch'asch'a	Hühnerfleisch
p'agsch'a	Schweinefleisch
luhsch'a	Lammfleisch
jahsch'a	Yakfleisch
langsch'a	Rindfleisch
njasch'a	Fisch (-fleisch)
sch'ak'oo	Fleischbrühe
sch'a kampo	luftgetrocknetes Yakfleisch
lasch'a	Lammfleisch mit Rettich

ད་ོམ **Milch (oma)**

scho	Joghurt
tch'ura	Käse
tch'ura kampo	säuerlicher Hartkäse
tch'ura lönpa	frischer süßlicher Käse
tch'ukom kampo	sehr hart, wie ein „Lutschbonbon" gegessen oder in Tee eingeweicht
soschöh	„Käsefäden", vom Melkeimer abgekratzt und getrocknet, innen noch weich (zu Nudeln)
d'ara	eine Art Buttermilch
gjuma	schwarzer Pudding
tu	Käsekuchen
mar	Yakbutter

ཚེལ **Gemüse (ts'ää)**

tränma / tränrii	Bohnen / Erbsen
pääts'ää / njungma	Chinakohl / Kohlrabi
sch'amo / bots'ää	Pilze / Spinat
(söö) lap'u	Rettich
gong lap'u / tromatro	Möhre / Tomaten
ssepän / dchidse	Peperoni / Aubergine
ts'ää	chin. Gemüsegericht
njugds'a	Bambussprossen
gobi / huang ga	Blumenkohl / Gurke
asch'om / schokoh	Mais / Kartoffeln
tsong / gogpa	Zwiebel / Knoblauch
schokoh-k'alah	Kartoffeleintopf

Obst (sch'ingdoh)

kusch'u / li	Apfel / Birne
ngari k'ambu / k'era	Aprikose / Banane
sch'ingdoh am	Mango
k'ambu	tibetischer Pfirsich
ts'aluma / gundrum	Mandarine / Weintraube
gundrum k'ambu	Rosinen
tarka / b'adam	(Wal-)Nuss / Erdnuss

Gewürze (määna)

p'oariibu	weißer, schwarzer Pfeffer
erima / ts'uu	rötlicher Pfeffer / Essig
dch'emakara	weißer Zucker
b'uram	brauner Kandiszucker
drangtsi / ts'a	Honig / Salz
tchangjoo / num	Sojasoße / Speiseöl

ཇ་དང་ཐོག་ **Tee (dch'a)**

dch'a-ssüüma,	im Teefass mit Salz
b'ödch'a	und Yakbutter geschlagen
dch'a-ngaamo	mit Milch und Zucker gekocht, nicht geschlagen
dch'a-tang	nur mit Salz gekocht, nicht geschlagen
tch'ingtr'a,	nicht gekocht, sondern
gjamii-dch'a	aufgegossen, ohne alles

(andere) Getränke (t'ung-ja)

tch'ang, tch'ötch'ang	Gerstenbier
arah	Schnaps
pidchu	Bier (chinesisch)
lhässa b'irah	Lhasa-Bier
koka kola	Coca Cola
ts'alumä tch'ungaamo	Orangenlimonade
tang	Suppe (chinesisch)
kofe	Kaffee
tch'u	gekochtes Wasser

Zu den Dingen, die Sie sonst in Tibet vielleicht zum Essen benötigen, gehören:

kods'e	Essstäbchen
t'uuma / tr'i	Löffel / Messer
kaajöö / t'apa	Tasse / Teller
ts'äälang / hajang	Pfanne / Topf
dchemdse	Schere
hu	Wasserkessel
schäädam k'atch'e-ja	Flaschenöffner

Handeln & Kaufen

Wie fast überall außer in der westlichen Welt üblich, gilt es auch in Tibet zu handeln. Insbesondere auf dem Hochplateau zwischen Kathmandu und Lhasa ist man an westliche Reisende gewöhnt, die allein durch ihre Anwesenheit beweisen, dass sie mehr als genug Geld haben, von dem sie lieber mehr als weniger für Souvenirs und ähnliches herausrücken sollten. Handeln Sie also, bis für Sie beide ein akzeptabler Preis erzielt ist.

depah tr'om / ts'ongk'ang jorepäh
hier Markt / Geschäft es-gibt-?
Gibt es hier einen Markt / Geschäfte?

depah gjäntcha / ngamöö-tch'alah g'apaa njogju jore
hier Schmuck / Antiquitäten wo zu-kaufen es-gibt
Wo kann man hier Schmuck / Antiquitäten kaufen?

tch'alah p'age mih dönd'a
Sache jene Auge zeigen-!
Kannst du mir das zeigen?

di ngüü / sser / ju repäh
dieses Silber / Gold / Türkis ist-?
Ist das (aus) Silber / Gold / Türkis?

གོང་ག་ཚོད་རེད།

... g'ong k'ats'öh reh
...Preis wie-viel ist
Was kostet ...?

otse, di g'ong tch'edr'ascha
oha dieser Preis zu-groß
Oh, das ist zu teuer!

g'ong k'epo tchi njugejin
Preis billig mal kaufen-werden-ich
Etwas billiger würde ich es nehmen!

g'ong-jangtih tchi ssungd'a*
Preis-wahrer Preis mal sagen-!
Was kostet's denn wirklich?

Zur tibetischen Bezeichnung der Geldeinheiten: Alle großen Währungseinheiten der Welt heißen goomo (Yüan, Euro, Dollar usw.), und alle Unterteilungen (Cent usw.) sind päsch'ah.

goomo tchih dang päsch'ah ngabtchu
„Euro" eins und „Cent" fünfzig
1,50 (jegliche Währung)

So feilschen und argumentieren Sie, aber zuvor sollten Sie die richtige Ware aussuchen:

nga ... gagi reh
ich ...gefallen ist
Ich bevorzuge ... (aus der Farbenliste einsetzen).

Farben

nagung	dunkel	**ssääpo**	hell
nagpo	schwarz	**kaapo**	weiß
sseepo	gelb, golden	**li-hang**	orange
maamo	rot	**gjamuh**	braun
tr'apo	bunt	**ngömbo**	blau
dsch'anggu	grün	**juu**	türkis

di gjubtch'a g'are reh
dieses Material welches ist
Aus welchem Material ist das?

Material

sser / ngüü	Gold / Silber
rah / ssang	Bronze / Kupfer
tchah / ngaatchah	Eisen / Edelstahl
sih	ovaler, länglicher schwarzer Stein mit weißen Augen
p'alam / pösch'ää	Diamant / Bernstein
dch'uru / juu	Koralle / Türkis
langsso / bähsso	Elfenbein / Bein
ds'u / sch'äädo	Jade / Kristall
mutig / kowa	Perle / Leder
tr'uds'i / b'ää	Seide / Wolle
räh / tch'ingba	Baumwolle / Filz

kj'erang* ... jöpäh
du ... es-gibt-(für-mich)-?
Haben Sie ...?

nga ... tchih gojöh
ich ... eins benötigen-ich
Ich möchte ein ...

Souvenirs

lagdup, drogdung	Armreif
ke-gjää, ket'reeng	Halskette
na-gjää, nalong	Ohrring
ts'ingkor	Ring
wangdch'uh	Bluse
kera	Gürtel
lagshuh	Handschuhe
wascha	Hut (mit Brokatrand)
d'ödung	Jacke
pangden	Schürze
hlamkoh	traditionelle Schuhe
tch'uba	traditionelles „Kleid"
b'umö t'ri	Frauenmesser
tr'i	Männermesser
k'aden, rumt'eg	Teppich
t'angka	buddhist. Rollbild

di ming-la g'are sa
dieses Name-dem was sagen
Wie heißt das hier?

Maße und Mengenangaben

drihss	genug
drihmassung	nicht genug
mangdr'ascha	zu viel
gjama	halbes Kilo
gjama g'ang	ein halbes Kilo
gjama do	ein Kilo
gjama ssum	1 ½ Kilo
kang tchih	ein Stück

drihssung-ngä	**drihmassung**
genug-geworden-?	*genug-nicht-geworden*
Ist das genug?	Das ist nicht genug.

Falls Ihnen lebenswichtige Utensilien ausge-
gangen sind, mag Ihnen diese Liste schnell
weiterhelfen:

gomään	Kopfschmerztablette
bindch'iling mään	Batterie
guba	Faden
par tch'äh	Fotoapparat
pingsch'oh	Film
pingsch'oh tr'u	Film entwickeln
jangla	Kerze
njugu	Kugelschreiber
B'ö mään	tibetische Medizin
Gjamii mään	chinesische Medizin
kap	Nadel
jihds'i	Seife
t'agba	Seil
ds'agdra, mugsse	Streichhölzer
bindch'iling, logschu	Taschenlampe
ssot'ru	Zahnbürste
ssomään	Zahnpasta
t'ama	Zigaretten

Taschenlampe Medizin

nützliche Eigenschaftswörter

g'ong k'epo	billig
g'ong tch'impu	teuer
bompo / p'apo	dick / dünn
tsogpa / tsangma	dreckig / sauber
ngoma / dsünma	echt / unecht
tch'ungdr'ascha	(zu) eng
tch'edr'ascha	(zu) weit
dchampo / tsugpo	fein / grob
d'ampo / lhugluh	fest / locker
tch'impu / tch'üntch'ün	groß / klein
tr'ago / njenpo	hart / weich
dongnjenpo / njingdchepo	hässlich / schön
t'opo / mapo	hoch / niedrig
goopo	langsam
gjogpo	schnell
jangpo / dchipo	leicht / schwer
ssaapa / njingpa	neu / alt
mangpo / njung-njung	viel / wenig
g'uguh	gebogen

Fotografieren

Fotos sind nicht nur für Sie phantastische Erinnerungen. Tibeter sind äußerst erfreut, wenn Sie ein Foto von sich selbst bekommen können. Aber sie schätzen es nicht, wenn Sie sie ungefragt fotografieren. Sie möchten sich gerne dafür umziehen und sich in ihrer besten Festkleidung zeigen. Also fragen Sie nach und lassen Sie den Tibetern Zeit zum Umziehen. Aber vor allem – schicken Sie ihnen auch wirklich die versprochenen Fotos.

dee par gjabtch'ohgerepäh
hier Foto machen-dürfen-werden-?
Kann ich hier fotografieren?

dee par gjabtch'ohgemare
hier Foto machen-nicht-dürfen-werden
Hier darfst du nicht fotografieren!

kj'erang*-la kupaa*gjabtch'ohgerepäh
du-dem Foto machen-dürfen-werden-?
Darf ich ein Bild von dir machen?

ngaa par tchih gjab-ronang*
ich-dem Foto ein machen-bitte
Könntest du mich mal hier fotografieren?

par tchih drähd'a
Foto eins geben-!
Gib mir ein Foto.

**kj'erang-gi ming dang k'adch'ang drähna,
nga jigssam-nä gujong-go**
*du-des Name und Adresse geben-wenn
ich Post-von-her schicken-!-ich*
Gib mir bitte deinen Namen und Adresse und
ich schicke es dir per Post.

Behörden & Dienstleistungen

Die Behördensprachen sind, je nachdem,
wo Sie sich befinden, Chinesisch, Englisch,
Hindi oder Nepali, ob Sie nun telefonieren,
einen Brief verschicken oder Geld wechseln
wollen. Daher präsentiere ich Ihnen hier nur
das Vokabular, was Sie in einer Unterhaltung
mit einem Tibeter über diese Angelegenheiten
brauchen könnten.

དེར་ཁ་པར་བཏང་ས་ག་པར་འདུག

di k'apaa tangssa g'apaa duh
hier Telefon machen-Ort wo ist?
Wo kann man hier telefonieren?

ཡིག་ཟམ་ / དངུལ་ཁང་ག་པར་འདུག

jigssam / ngüük'ang g'apaa duh
Post / Bank wo ist?
Wo ist die Post / Bank?

Wenn Sie Ihren Pass verloren haben, das Visum
verlängern wollen, ein direktes Ausreisevisum

nach Nepal oder irgendeine Reisegenehmigung für abgelegene Gegenden
benötigen, so ist nördlich des Himalaya die
Polizei dein Freund und Helfer:

tchideläk'ung	Büro für Öffentliche Sicherheit (chines.: *kung-an-tchü*)	སྤྱི་བདེ་ལས་ཁུངས་
tch'ohtch'en lagkj'ee	Reisegenehmigung	ཚོག་མཆན་ལག་འཁྱེར་
lamjih, lagkj'ee, paasse	Ausweispapiere, Pass	ལམ་ཡིག / ལག་འཁྱེར་ / སུ་སེ་
k'apaa	Telefon	ཁ་པར་
ngüük'ang	Bank	དངུལ་ཁང་
jigssam	Post	ཡིག་ཟམ་

ལམ་ཡིག་ག་ནས་བཟོ་ཐུབ་ཀྱི་རེད།

lamjih g'anä sot'uhgere

Reisegenehmigung von-wo machen-können-werden

Wo bekomme ich eine Reisegenehmigung?

Notfälle

Notfälle

Mit der Arznei ist es wie mit dem Essen: es herrscht Subsistenzwirtschaft! Da wächst keine Apotheke aus dem Wegesrand. Da gibt es keine Vorratshaltung. Und vergessen Sie nicht: Die Kommunikation im Kapitel „Notfälle" ist keine Einbahnstraße. Man erwartet vielleicht von Ihnen, dass Sie in einem konkreten Fall jemanden heilen können. Man weiß nämlich, dass Reisende aus dem Westen oftmals wirksame Medizin bei sich haben. Stellen Sie sich darauf ein und nehmen Sie etwas mehr Verbandszeug, Jod und Schmerztabletten als nur für sich selbst mit.

འདི་པར་ཨེམ་ཆེ། / སྨན་ཚོང་ཁང་། / སྨན་ཁང་ཡོད་རེད་པས།

depah emtchi / mään ts'ongk'ang / määnk'ang jorepäh

hier Arzt / Arznei verkaufen-Haus / Arznei-Haus es-gibt-?

Gibt es hier einen Arzt / Apotheke / Krankenhaus?

ཁྱེད་རང་གིས་ཨེམ་ཆེ་ཅིག་འཚོལ་ཐུབ་ཀྱི་རེད་པས།

kj'erang*-gä emtchi tchih ts'äät'uhgerepäh

du-von Arzt eins suchen-können-werden-?

Kannst du mir einen Arzt suchen?

ང་འདིར་ན་གིས།

nga dee nagih

ich hier schmerzen

Ich habe hier Schmerzen.

སྨན་ཡོད་རེད་པས།
mään jorepäh
Arznei es-gibt-?
Habt ihr Medizin?

ང་ན་གིས།
nga nagih
ich schmerzen
Ich fühle mich nicht gut.

ང་ཁྱག་གིས།
nga kj'agih
ich frieren
Mir ist kalt.

ང་དགའ་ལས་ཁ་གི་འདུག
nga g'alä kagih
ich müde
Ich bin müde / erschöpft.

ང་ཁ་སྐོམ་གིས།
nga k'a komgih
ich Mund durstig
Ich bin durstig.

ང་གྲོད་ཁོག་ལྟོགས་ཀྱི་འདུག
nga dr'okoh tohgih
ich Bauch hungrig
Ich bin hungrig.

སྒྲོག་ཁོག་བ་འཁལ་གིས་
dr'okoh sch'äägih
Bauch durchgespült
Durchfall haben

མགོན་གིས་
go nagih
Kopf schmerzen
Kopfschmerz haben

མགོ་ཡུ་དཀོར་གིས་
gojung k'orgih
Kopf drehen
schwindlig sein

སྐྱུག་མེར་ལང་གིས་
kjumee langgih
Übelkeit sich-erheben
übel sein

སྐྱུག་པ་བསྐྱུགས་
kjugpa kjuh
Erbrochenes erbrechen
Erbrechen

ཚ་བ་ཡོད་
ts'awa jöh
Hitze es-gibt(-für-mich)
Fieber

རྨ་བཟོས་ཆང་
ma söhdchung
Wunde gemacht-ich
Verletzung

སྒྲོག་ཁོག་ན་གིས་
dr'okoh nagih
Bauch schmerzen
Bauchschmerzen

སོན་གིས་
sso nagih
Zahn schmerzen
Zahnschmerzen

ཚམས་པ་བརྒྱབ་འག
tch'ampa gjabscha
Erkältung machend
Grippe

དབུགས་བཏང་ཨཀྱགཁ་པོ་འདུག
uh-tangwa k'apo duh
atmen schwierig ist
Atemnot

ལ་ན
lanää
Pass-Krankheit
Höhenkrankheit

གངས་ཞེན་
g'angtch'ii
Frostbeule

ངར་ཁྱིས་སོ་བརྒྱབ་ཆང་
kj'i sso gjabdchung
Hund Biss gemacht-ich
Hundebiss

Unfall

Im Tibetischen gibt es kein pauschales Wort für Unfall. Sie müssen zusätzlich zu roh-dch'id'a! „Hilfe!" schon einen konkreten Hinweis geben auf die Art der Verletzung (ma). Die erste Form gilt für die 1. Person, die in Klammern für die „nicht-1." Person.

ma söhdchung (söhssung)	རྨ་བཟོས་ང་། (བཟོས་སོང་)
verletzt	
ma tch'ungtch'ung söhdchung (söhssung)	རྨ་ཆུང་ཆུང་བཟོས་ང་།
leicht(er) verletzt	
ma tch'impu söhdchung (söhssung)	རྨ་ཆེན་པོ་བཟོས་ང་།
schwer(er) verletzt	
ts'ihdchung (ts'ihssung)	འཚིགས་ང་།
verbrannt	

Diese gelten für alle Personen:

rukoh tch'ahssung	gebrochen (allg.)	རུས་གོ་ཆག་སོང་།
lagpa tch'ahssung	gebrochen (Arm)	ལག་པ་ཆག་སོང་།
kangpa tch'ahssung	gebrochen (Bein)	རྐང་པ་ཆག་སོང་།
sch'issung	tot	ཤི་སོང་།
ts'ih b'ühssung	verstaucht	ཚིགས་དུད་སོང་།

ང་ར་རོགས་ཅིག་གནང་དང་མི་འདི་མར་/པར་བསྐ྄྄྄ྃྃྃྃྃྃྃྃྃ

ngaa roh tchi nangd'a*, mi di maa / paa wooronangd'a*

ich-dem Hilfe mal gewähren-!, Mensch dieser hinunter / hinüber tragen-helfen-!

Kannst du (könnt ihr) mir helfen, ihn / sie ins Tal zu tragen?

In Tibet sind Tragen zum Abtransport nicht üblich. Die Leute werden auf dem Rücken getragen. Wo es Ihnen überall weh tun kann, zähle ich hier nicht auf – Sie können leicht auf kangpa *(Fuß/Bein)* und kub *(Hinterteil)* zeigen. Dafür die wichtigsten schmerzanfälligen Organe:

lo gjabgih
= *Husten haben*

njing / lo(wa)	Herz / Lunge
p'oo / tch'impa	Magen / Leber
k'ääma / gjumah	Niere / Darm

Wie lässt es sich kurieren?

mään	Arznei, Medizin (allg.)	🎵
B'ö mään	tibetische Medizin	🎵
tch'igjää mään	westliche Medizin	🎵
Gjamii mään	chinesische Medizin	🎵

Falls man Sie einmal für einen Arzt hält:

gongpamatsung*, nga emtchi mare 🎵
Entschuldigung ich Arzt nicht-ist.
Es tut mir Leid, aber ich bin kein Arzt.

gongpamatsung*, nga mään (kj'ee-)mäh 🎵
Entschuldigung
ich Arznei (mitnehmen-)es-gibt-nicht(-bei-mir)
Es tut mir sehr Leid, aber ich habe keine Medizin dabei.

Literaturliste

Wer sich eingehender mit der tibetischen Sprache beschäftigen möchte, dem seien folgende Bücher empfohlen:

Tournadre, Nicolas & Dorje, Sangda: Manual of Standard Tibetan: Language and Civilization. Ithaca, NY: Snow Lion Publications 2003. (Sehr ausführliches Lehrbuch. Ziemlich akademisch, aber gut strukturiert.)

Rinpoche, Tshultrim Gyamtso: Lehrbuch der tibetischen Umgangs- und Schriftsprache. Hamburg: Tashi-Verlag 1999. (Erklärungen sind nicht so ausführlich.)

Goldstein, Melvyn C.: Modern Spoken Tibetan, Lhasa Dialect. Seattle / London: University of Washington Press 1970.

Chang, Kun: Spoken Tibetan Texts, Vol. 1 - 4. Institute of History and Philology, Academia Sinica, Special Publications No. 74. Taipei 1978. (Umgangssprache, in Latein-Umschrift mit englischer Übersetzung.)

Goldstein, Melvyn C.: Tibetan-English Dictionary of Modern Tibetan. New Delhi: Paljor Publications 2002 (2. Auflage). (Mit Aussprache in Umschrift zu jedem Wort).

Scharlipp, Wolfgang-Ekkehard: Einführung in die tibetische Schrift. Hamburg: Buske-Verlag 1995.

Diese Bücher und Schriften sind nicht über den Reise Know-How Verlag erhältlich. Bitte wenden Sie sich an Ihre Buchhandlung oder versuchen Sie es per Internet.

World Mapping Project™

Das world mapping project™ ist eine Synthese aus hochkarätigem kartographischen Handwerk, technologischem Know-How und lebendigem Abenteuergeist.

Tibet
1 : 1 500 000
978-3-8317-7085-4
€ 8,90 [D]

Nepal
1 : 500 000
978-3-8317-7101-1
€ 8,90 [D]

China, West
1 : 2 700 000
978-3-8317-7163-9
€ 8,90 [D]

Indien, Nordwest
1 : 1 300 000
978-3-8317-7179-0
€ 8,90 [D]

Indien, Nordost
1 : 1 300 000
978-3-8317-7192-9
€ 8,90 [D]

www.reise-know-how.de

Zentralasien

bietet viele Ziele, die es zu besuchen lohnt. Mit den Reiseführern von REISE-KNOW-HOW entgeht einem nichts:

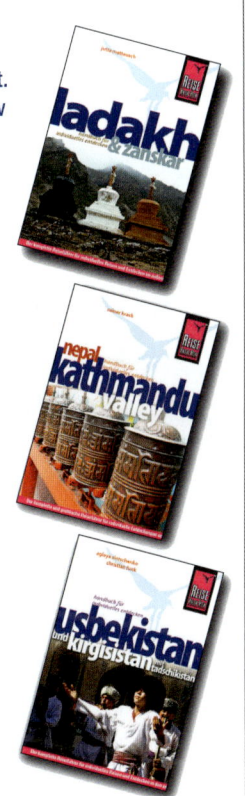

Jutta Mattausch
Ladakh und Zanskar
480 Seiten,
36 Karten und Pläne,
über 150 Fotos
€ 23,90 [D], ISBN 978-3-8317-2024-8

Rainer Krack
Kathmandu Valley (Nepal)
360 Seiten,
23 Karten und Pläne,
über 100 Fotos
€ 19,50 [D], ISBN 978-3-8317-2088-0

Christian Funk / Aglaya Sintschenko
Usbekistan und Kirgisistan
mit Tadschikistan
624 Seiten,
25 Pläne und Karten,
über 130 Fotos,
24 Seiten Kartenatlas,
€ 19,50 [D], ISBN 978-3-8317-1878-8

www.reise-know-how.de

Wortliste Deutsch – Tibetisch

ạa = lang steigend;

<u>a,aa</u> = tief
(kurz bzw. lang);

ạh = kurz steigend und
dann wieder fallend
<u>Neutraler Ton:</u>
a = Silbe ohne besonde-
ren Ton
Wenn Sie sich noch ein-
mal vergewissern möch-
ten, wie die Töne ausge-
sprochen werden, schla-
gen Sie bitte im Kapitel
„Aussprache" nach.

   In der Wortliste sind
die Tätigkeitswörter je-
weils die Grundform ei-
nes Tätigkeitswortes an-
gegeben, d.h. mit der rei-
nen Wortwurzel, die
noch keinerlei Angaben
zur Zeit, Person, Beja-
hung / Verneinung usw.
enthält. So beispielswei-
se: dro = geh(en), t'ung =
trink(en), usw.

   Die höflichen Sches-
sa-Varianten sind in der
Vokabelliste immer mit
einem Asterisk gekenn-
zeichnet.

Ich hatte versprochen,
Sie mit den Tonhöhen
nicht zu belasten. Aber
im Vokabelteil habe ich
sie dann doch markiert,
und zwar so:
<u>Hohe Töne:</u>
ā, āā = hoch
(kurz bzw. lang);
àh = fallend
<u>Tiefe Töne:</u>
ạ = kurz steigend;

A

aber maschî
abnehmen (Hut) pìh; ssīī
absenden kūū;
   kūū-nāng*
abwischen tch'ī
Adelsklasse kūdr'àh
Adliger kūdr'àh
Adresse
   schussää-k'ādchāng*
aha! āāla
Alkohol tch'ŏtch'āng*
alle ganggā; ts'āngmā
alles ganggā
allgemeine Anredeform
   gänlaa
als -dü
als (Vergleich) -lä
alt (Person) drepā*;
   gänpā; kūnā-drepō*
alte Frau dremō*;
   gänköh
Alter (Person) gonglō*; lọ
alter Mann drepō*;
   gänköh
anderer Leute (Dinge) ṃji
angenehm kjīpū
ankommen dchọo-nāng*;
   lèb; tch'āp'èh-nāng*
ansehen tā
Antwort dchaalän*; län
antworten län-gjạb;
   dchaalän-nāng*
anziehen (jmd.) drọn*;
   jòh
anziehen (sich) g'ọn;
   schẹh*; tch'ŏh*

AZ **Wortliste Deutsch – Tibetisch**

Apfel kǔsch'ū
Arbeit lääkā; tch'ālåh*
Arm lagpā; tch'åh*
Armbanduhr tch'ããtsòh*;
   tch'ǔtsòh
Arzt ēmtchī, amtchī
atmen ǔh-tāng
auf -gạng-la
auf Wiedersehen -matòh;
   dchǟajong
aufhalten, sich dǟh;
   schụh*
aufräumen dubssòh gjạb
aufstehen jạa-lạng; lạng;
   jạa-schạang*;
   kǔschāāng-nāng*
aufsuchen, jmd. tch'igjǟā
aufwachen njǟā-ssåh*;
   njih-ssåh
Auge mìh; tchän*
Ausland tch'igjǟā
ausruhen, sich
   kǔ-ngǟā-ssò*;
   ngāāsso-gjạb
außer schạang
aussteigen dchǟā*
Ausweis lagkj'ẹe
Ausweispapiere pāssē
ausziehen (Kleider) pìh;
   ssǖ*
Auto modrā

B

baden tch'ābgǟā-nāng*;
   tch'ū-gǟā
bald gjogbō
Bauch dr'okòh;
   ssȫȫdròh*

Bauchschmerzen haben
   dr'okòh nagih
Befinden kūsùh*; sugū
bei Buddha! dch'ọorinpō
beiden, die k'õngnjih*;
   k'õnjih
Bein kāngpā; schạb*
bekommen dch'ụng
benötigen gọh
besuchen dchǟā*;
   dchǟā-nāng*; tchār*
Bett njäätrī; simtrī*
Bettzeug njäätch'åh;
   simtch'åh*
bevor (nicht) -ngȫȫn-la
Bezeichnung ming(lā)
Bhutan drugjǚū
Bier tch'āng;
   tch'ǒtch'āng*
Bild pār
billig k'ēpō
bin jin; jiṇ
Birne lị
bis bald!
   gjobõ dchǟäjong
bis gleich!
   gjogbō dchǟäjong
bisschen tĭg-ts
bitte -roh-dch'i;
   -roh-nang*
bitte (um etw.) kūtchī
bitte, ... nāngd'a*;
   nāngronang*
bleib gesund!
   kūsùh-t'ǔtchàh-nāng*
bleiben dǟh; schụh*
Blume metòh
Blut kūtr'àh*; tr'àh
Bohne trånmā
böse dugtchàh

Brennholz mesch'iṇg;
   schuusch'iṇg*
Brief jigî; tch'ǟārìh*
Brille mīgsch'ēē;
   tchånsch'ēē*
Brot b'aalèh;
   scheeb'àh*
Bruder (jüngerer)
   o(g)màh; ȫȫlaa
Bruder, älter dch'olàh
Buch d'ẹb; pē;
   tch'āāpe*
Buchstabe jigî;
   tch'ǟārìh*
Buddha, bei dch'ọorinpō
Bus modrā
Buttermilch d'arā
Buttertee, gesalzen
   b'ödch'ā

C

Chinakohl pǟāts'ǟā
Chinese gjamî
Chinesisch gjakåh

D

Dalai Lama
   Gjaawā-Rinpūtschī*;
   Jischnìh-Norbū*
Dame tchamkǔschòh*;
   tchåm*
danke! t'ǒtch'àh;
   t'ǒtch'ē; t'ǒtch'ētsch'ē;
   tǔtchìtch'ī
Darm gjumàh
das dị

das dort p'āgĭ
dein kj'ērāng-ge*
Deutsch dchermänkåh
Deutscher dchermänmi
Deutschland dchermän
dick (Person) dchoopō*; gjāgpā
dies dj
diese (Mz.) deg'åh; dets'ō
dir kj'ērāng-la*
dorthin p'āā(-ts)
draußen tch'ìlòh-la
dreckig tsōgpā
drinnen nąng
du kj'ērāng*; kj'ŏh; kj'ŏrāng; rąng
dünn (Person) kāmpō; kūsch'ā-kāmpō
Durst haben k'ā kōmgĭh
durstig sein kōm

E

Ehefrau kjēmǟǟn; kūndå*
Ehemann kj'ōkā; kūndā*
Ei go-ngā
eigenartig kj'ǟǟnts'āpō
eine (Tasse etc.) voll g'ąng
einfüllen lùh
einkaufen njǫ; sĭh*; tr'ūmsĭh-nāng*
einschlafen njää-k'ùh*; njĭh-k'ùh
Entfernung t'àh
Entschuldigung gongpā-mātsùng*
er k'ō; k'ōng*; k'ōrāng*

erblicken t'ōōng
Erbse trǟnrĭī
Erdnuss b'adąm; ssātārkā
erinnern, sich dr'ąn; t'ūūdr'ån-ssō*
erkältet sein güntch'ąm-kjŏn*; güntch'ąm-schęh*; tch'āmpā gjabschā; tch'āmpā-gjąb
Erkältung güntch'ąm kunjēēpō*; tch'āmpā; güntch'ąm kūlåh-kāpō*
erschöpft kālåh
erster d'angpō
Essbares sajåh
Essen k'ālàh; schäälàh*
essen k'ālàh-są; sąh; są; schäälàh-schęh*; schäälàh-tch'ŏh*; schęh*; tch'ŏh*
Esshaus sak'ąng
Essig tsūū
Europa joròp

F

fahren drǫ; drū-schŏn; p'èh*; t'åh*
fahren (Fahrrad) schŏn
Fahrrad kānggārī
Fahrzeug modrā
falls -na
falsch nǫrscha
falsch sein nǫr
fertig ts'āāss(ung)
Feuer mę; schoomē*

Fieber kūts'åh*; ts'āwā
Fieber haben kūts'åh-jŏh*; ts'āwā du; ts'āwā-gjąb
Film pīngsch'òh
Film entwickeln pīngsch'òh tr'ū
Fisch nją
Fisch (als Gericht) njasch'ā
Fladenbrot b'aalèh; scheeb'åh*
Fleisch sch'ā; ssōōtrùm*
fleißig t'ūūrùh-nāng*
Foto kūpāā*; pār
Fotoapparat pārtch'åh
fotografieren kūpāā-kjŏn*; pār-gjąb
Frau kjēmǟǟn; tchām*; tchāmkūschòh*
Frau, alte dremō*; gänkòh
Freund dr'ogō
Freundin dr'ongmō
frieren (Person) kj'àh; kūnkj'àh-nāng*; kūssīī-nāng*
früher ngāǟmàh
Frühling tchĭkā
führen, jmd. tr'ìh
Fuß kāngpā; schąb*

G

Gast drönpō; kūndrŏn
geben nāng*; tråh
Gebetsschal dchäädąa*; k'ātàh

Geburtsort kjĕssā; tr'ūng-ssāā*

Gegend lungpā

geh weg gjụh; p'āā-gjụh

gehen drọ; drū-; p'èh*; t'ầh*

geht nicht, das jọnggemare

Geld ngữữ; tch'āā-ngữữ*

gemeinsam njāmpōō

Gemüse ts'āā̆

genug drịh-ss(ung)

geradeaus k'ā(r)tùh; sch'āākjàh; t'ầkā

Gerstenmehl, geröstet tsāmpā

Geschwister pū̆n-gjàh

Gesicht dọng; schẵä*; schäärầh*

Gespräch kẵtchā; ssūngkầh

gestern k'ầầssā

gesund kūsùh-depō*; sugū-depō

gesund werden dr'ạh

Gesundheit kūsùh*; sugū

Gewehr mendā; tch'āndā*

gibt es dụh; jọhre

gibt es nicht jọhmare; mindùh

Glasnudeln p'ĭng

gleich lāmssạng

Gleich! tĭg-ts gụh

Gold ssēĕ(r)

Großmutter mōōlaa*

Großvater pōōlaa*

Haar trā; ūtrā*

habe jọ̆h

habe nicht, ich mặh

haben wir dụh

haben wir nicht mindùh

haben wollen gọh

Hada dchäädạa*; k'ātàh

Hälfte tch'ĕkā

Hals (Kehle) gü̆ü*; kē

Hals (Nacken) dchịng; gündchịng*

halten dchụ; lēn; nām*; dchuwā-nāng*; sịm

Hand lagpā; tch'àh*

hässlich dōngnjầnpō

hat duh

Haus k'āngpā

Heimat p'ạjữữ

Heirat tch'āngssā

heißen sẹ

Hepatitis tch'ĭmts'ầh

Herberge njääk'ạng

Herbst tŏnkā

Herr (Anrede) kūschòhlaa*

Herr, alter (Anrede) kūngồhlaa*

heruntersteigen b'ab

Herz njĭng; tùh*; t'ữūnjĭng*

heute d'eri(ng)

hier dẹe

hier (in der Umgebung) dēpầh

Hilfe rọh; rọgpā-dch'ed'a

hinaufklettern dsạh

hinter gjạb-la; kū̆gjạb*

Hintern kùb

hinunter mạa

Hitze ts'āwā

Honig drangtsī

hören ēmtchòh; ssẵn*; ēmtchòhnjặn; g'ọ; njầntchòh-ssẵn*

hübsch njĭngtchĕpō

Huhn (Fleisch) dch'a sch'ā

Huhn (Tier) dch'a

Hund kj'ĭ; simkj'ĭ*

Hunger haben dr'okòh tōhgịh

hungrig sein dr'okòh-tòh; ssōōdròh-tròng*; tòh; tròng*

Husten gü̆ülō*; lō

husten gü̆ülō-kjŏn*; lō-gjạb

Husten haben lō gjabgịh

Hut schamō; ūschā*

ich ngạ

ihm k'ŏng-la*

ihnen kj'ĕrāng-la*

Ihr kj'ērāng-ge*

ihr (Besitz, Ez.) k'ŏng-la*; k'ŏng-ge*; morạng-ge

ihr (Besitz, Mz.) mọ̈ö; k'ŏngtsōŌ*; k'ôtsōŌ;

ihr (Mz.) kj'ēntsō; kj'ĕrāngnāmpā*; kj'ĕrāngtsō*

ihr beide kj'ĕnjìh; kj'ĕrāngnjìh*

ihr zwei kj'ŏnjìh

in nạng-la

Indien gjagāa(r)
ist re

J

ja dụh; jǒh; jọhre; laa-ǫohng*; lèh-ss*; ǫohng; ǫohngss; rẹh
Jahr lǫ
Jahr, dieses d'alō
Jahr, letztes naniŋg
jemand mj
jetzt d'ạ; d'antā
Jogurt schǫ; ssōōschō*
Junge b'ụ

K

Kandiszucker, braun b'urạm
Kartoffel schokòh
Kartoffeleintopf schokòh-k'ālàh
Käse soschòh; tch'ūkōm; tch'ūrā
Katze schimī
kaufen njǫ; sịh*
kennen ngǫ-kj'èn*; ngǫ-sch'èh
Kind āwā*; pūk'ū
Kleider d'uglòh
Kleidung d'u(g)lòh; namsā*
Kloster gompā
klug tschāngpō; t'ùh-tschāngpō*
Knoblauch gogpā
komisch kj'āānts'āpō

---

komm! sch'òh
kommen jǫng; p'èh*
können sch'ìng
Kopf gǫ; ū*
Körper kūsùh*; sugū
krank njũng*
krank sein nạ
Krankenhaus māānk'āng
Krankheit nats'ā; njũngschī*
Küche ssūūt'àb*; t'ābtsāng
Küche, tibetische b'öpạ̈ā k'ālàh

L

Lachen gäämō; schäämō*
lachen gäämō-gäh; schäämō-schạ̈h*
Laden ts'ōngk'āng
Lammfleisch lugsch'ā
Lampe lòh; lōgschū; sīmschū*; schumạa
Land gjääkàb
Landstrich lungpā
lang ringpō
langsam g'alij(gali)
lass jùgscho
Leber tch'īmpā
lecker schimpū
leer tōngpā
leihen jāā; jāā-nāng*
lernen lōbdchōng gjạb
lesen dchaalòh-nāng*; lòh
letzte ngāānmàh
Lhasa lhāssā

Lhasa-Dialekt lhāssākàh
Lhasa-Einwohner lhāssāmi
liegen lassen làh
links jǒn
Löffel schit'ụr; t'ūmāā
Lunge lōowā

M

machen dch'ẹh; nāng*; sǒh; sǫ
Mädchen b'omō; njīnjīīlaa*
Magen p'ōō
Mahlzeit k'ālàh; schäälàh*; ssüüts'ìh*
Mal (ein-) tch(i)
Mandarine ts'ālūmā
Mann kj'ōkā
Mann, alter drepō*; gänkòh
Markt tr'ōm
Medizin māān; ssōōmāān*
Medizin, chinesische gjamij māān
Medizin, tibetische b'ömạ̈än
mein ngạ̈ä
Meinung gongtch'ạa*; ssāmtch'āā
Mensch mj
Miete lā
mieten lā
Milch omā; tch'ābscho*
Minute kāā(r)mā
mir ngaa
Mist kjāgpā

---

mit njāmpōō
mitnehmen, jmd. tr'ìh
Mittag njin-gụng
mögen gapṑ-jṑh;
  njēēpṑ-nāng*
Moment tìg-ts gụh
Monat dawā
Monat (tibet. Kalender)
  b'öndā
Mond dawā
Morgen schokå̀h
morgen ssāngnjìn
morgen, bis
  ssāngnjìn dchä̀äjong
müde kālå̀h
Mund k'ā
Mund schä̀ä*
Mutter āmālaa*; jụm*
Mütze schamō; ūschā*

N

nachdenken ssāmlō-tāng
Nacht ts'å̀ā̃n
Name mịng; ming(la);
  ts'å̀ā̃n*
Nase nākùh; sch'àng*
neben -tr'ìh-la
nehmen dchụ; lēn;
  nām*; dchuwā-nāng*;
  schẹh*; sịm
nein jọhmare; mä̀h;
  mä̀än; marèh; marē;
  mindùh; mogòh
nein danke la mä̀än
Nepal b'ääjụ̈ụ̈
Neujahr, tibetisch lossạa
nicht, ist marē
Nieren k'å̀āmā

noch (immer) d'and'ọo
Nonne dch'omō*;
  tch'öhlaa*; tsũnmā*
Nonne, buddh. ānĩlaa*
Norden dch'ạng
Nordost-Tibet āmdō
Nordost-Tibeter āmdōwā
Nordost-Tibetisch
  āmdōkå̀h
Notdurft kjāgpā;
  tch'äbtsch'ēn*
Nudeln t'ūgpā
nur (nicht) -lä
Nuss tārkā

O

oben gạng-la
Ohr ēmtchòh; njä̀n*;
  njä̀ntchòh*
Öl (Speise-) nūm
Onkel (müterl.)
  āschānglaa*
Onkel (väterl.) ākūlaa*
Oper, tibetisch lhāmō
Ordnung gehen, in drịh;
  jọng
Ordnung geht, in jọng-a
Ordnung, in drịh-ss(ung)
Ort lungpā; ssātchā
Osten sch'āā
Ost-Tibet k'àm
Ost-Tibeter k'āmpā
Ost-Tibetisch k'āmkå̀h

P

Pass (Berg) lā
Pass (Papier) pāssē
Pepperoni dchaapṑh*;
  ssēpån
Person mị
Pfeffer p'ōāriībū
Pfeffer, roter ērīmā
Pferd tā; tch'ībpā*;
  tch'ībtā; tch'ībtch'ēn*
Pfirsich, tibetischer
  k'āmpū
Pilze sch'āmō
Platz ssātchā
Polizei tchīdēläkùng
Preis dchaag'ọng*;
  g'ọng

R

rauchen
  scheet'äh-schẹh*;
  t'àmäh-t'ēn
rechts jàh
Reis drạh
Reiseerlaubnis lamjịh;
  pāāsē; tch'ōhtch'ēn
reiten schọn; tch'ịb*
Restaurant, kleines
  sak'ạng
Rindfleisch lāngsch'ā
Rollbild schäät'ạng*;
  t'āngkā
Rosine gundrụm kāmpō
Rübe lap'ùh
rufen kå̀h-tāng;
  ssūng-nāng*
Ruhe, in aller g'alịj(gali)

S

Sachen kūtch'ǎh*; tchālàh

sagen lạb; sch'ǎh; ssūng*

Salz ts'ā

satt sein gịạh; dr'okòh gịạss(ung)

Schaf lụh

schenken nāng*; p'ǔ̃ǔ̃; trǎh

schlafen njǟä

schlafen gehen njǟäkàh-drọ; simkàh-p'èh*

Schlafstelle njǟässā

schlecht dugtchàh

schlecht, mir ist kjūmēē langgìh

Schlüssel demìh

schmerzen nạ

Schmerzen nats'ā

Schmuck gịäntchā

schnell gịogpõ

schön njīngdchēpõ; ts'ārpõ*

schön (Gefühl) kjīpū

schon gut jùgscho

schreiben dr'ị

Schrift, tibetische b'üjìh

Schule lābdrā

Schüler lābdrāwā

Schwester (älter) ātchālaa*

Schwester (jünger) omàh; ōōlaa*

schwindlig fühlen, sich gojụng k'õrgìh

sehen sịh*; tā; t'ōōng

sehr schēdrạa; schipū-tch(i)

sein (Besitz) k'õ̃õ̃; k'õng-ge*; k'õrāng-ge

selber ssõssõ

setz dich bitte schugdǟän-dchạhg'o*

setzen, sich mạa-dạ̈h; maa-schuh*

Sie kj'ērāng*

sie (Ez.) k'õng*; mọ; morạng

sie (Mz.) k'õngtsõ*; k'õrāngnāmpā*; k'õtsõ

sie beide k'õngnjìh*; k'õnjìh

Silber ngǔ̃ǔ̃

sind re

sitzen dạ̈h; schụh*

so d'endr'ǎh

so ist es rẹh

sofort lāmssạng

Sohn b'ụ; ssǎh*

Sojasoße tchāng-jūū

Sommer jǟākā

Sonne njimā

später dcheemàh

Speiseöl nūm

Spiegel schǟäsch'ẹe*; sch'ēēkō

sprechen kāmõ̃õ̃-nāng*; kǎtchä-sch'ǎh; sch'ǎh

Staat gịääkàb

Stein dọ

sterben drọng*; sch'ị; gongpā-dsọh*; sch'ǎh*

Stern kāāmā

Straße lāmkàh

Student lābdrāwā

suchen ts'ǎ̃ǎ̃

T

Tag njimā

Tee dch'ạ; ssõ̃õ̃dch'ā*

Teehaus dch'ạk'ạng

Teigtaschen mōmòh

Telefon k'āpāā; schǟäpạa*

telefonieren k'āpāā-gịạb; schǟäpạa-kjõn*

Tempel, buddh. lhāk'āng

teuer g'ọng tch'ĩmpū

Thangka schǟät'ạng*; t'āngkā

Tibet b'õ̀h

Tibeter b'õpā

Tibeter, moslimischer k'ātchī

Tibetisch b'õkǎh

Ticket pāssē

Tisch ssõ̃õ̃tchòh; tchõgtsē

Tochter b'omõ

Toilette ssāngtchòh; tch'ǎbssāng*

Tomate trõmātrõ

tragen (Kleidung) g'õn; schẹh*

Traum njīlām; njǟǟlām*

treffen dchǟä*

trinken schẹh*; tch'òh*; t'ūng

trocken sein kōm

trotzdem jinnạang

Tsampaspeise pàh

Tür gọ; sĩmgō*

Türkis jū

U

Übelkeit kjūmēē
übergeben, sich kjùh;
  schääkjüh-nāng*
übermorgen nàngnjinkā
umkehren tch'īìlòh-gjạb
und dang
und (zwischen Tätigkeits-
  wörtern) -dch'ö; -n

V

verletzt sein mā
sǫhdchung
Verletzung mā
verlieren làh
verstehen g'ǫ
Verwandte kūtch'èh*;
  pŭn-gjàh; pŭntchàh
viel mangpō
vielen Dank
  t'ōtch'ảhnāng*
von hier denàh
vorgestern k'ảnīngkā
Vormittag schokàh

W

Wagen modrā
wann g'adùh
warten gụh-dảh;
  gụh-schụh*
warum g'arèjinna
was g'arē
waschen tr'ū
Wasser tch'àb*; tch'ū
Weg lamkàh

weg (geh weg!) gjụh
wegwerfen jùh
weil -tsāng
Weintraube
  tch'ūgūndrūm
weit t'àh ringpō
welcher g'agī
wem ssūū
wenig tịg-ts
wenn -dü; -na
wer ssū
wessen ssūū
Westen nụb
Westen, der tch'īgjāā
West-Tibet ārìh
Wetter nāmsch'ìh
wie g'andrảh;
  g'andràhss
wie viel g'atsàh
Wiedersehen (zum
  Bleibenden) schuh-a;
  g'alijschụh
Wiedersehen, auf bạb;
  -matòh
Wiedersehen, auf (zum
  Gehenden) g'alijp'èh
Winter günkā
wir (exkl. Angesprochene)
  ngantsò
wir (inkl. Angesprochene)
  ngarạngtsò
wir beide nganjìh
wissen g'ǫ; kj'èn*;
  sch'èh
wo g'apạa
Woche dünma, sakoo
woher g'anảh
wohin g'apạa
wohnen dảh; schụh*
Wunde mā

wütend werden ts'īgpā-sạ;
  gongpā-ts'ōng*;
  kūlūng-schạang*

Y

Yak jàh
Yakbutter mạa
Yakfleisch jāgsch'ā

Z

Zahn ssō
Zeit d'ütsòh
Zentral-Tibet b'ǫh;
  ü-ts'ang
Zigarette scheet'àh*;
  t'āmàh
Zimmer k'ảngmìh
Zimmermiete k'ảnglā
zu Ende sein ts'āā
Zucker dch'emākārā
Zug rilī
zurückgehen lǫh-drǫ;
  lǫh-p'èh*
zurückkommen lǫh-jǫng;
  lǫh-p'èh*
zusammen njāmpōō
Zwiebel tsōng

Wortliste Tibetisch – Deutsch

A

āāla aha!
ākūlaa* Onkel (väterl.)
āmālaa* Mutter
āmdō Nordost-Tibet
āmdōkàh
  Nordost-Tibetisch
āmdōwā Nordost-Tibeter
ānīlaa* Nonne, buddh.
ārih West-Tibet
āschānglaa* Onkel
  (müterl.)
ātchālaa* Schwester
  (älter)
āwā* Kind

B

bạb Wiedersehen, auf

B'

b'ääjüü Nepal
b'aalèh Fladenbrot; Brot
b'ab heruntersteigen
b'adạm Erdnuss
b'ọh Tibet; Zentral-Tibet
b'ọ̈pā Tibeter
b'ödch'ā Buttertee,
  gesalzen
b'ọ̈kàh Tibetisch
b'ömäạn Medizin,
  tibetische
b'omō Mädchen; Tochter

b'öndā Monat (tibetischer
  Kalender)
b'öpạ̈ä k'àlàh Küche,
  tibetische
b'ụ Junge; Sohn
b'üjih Schrift, tibetische
b'urạm Kandiszucker,
  braun

D

dạ̈h sich aufhalten;
  bleiben; sitzen; wohnen
dang und
dawā Monat; Mond
dch'ạh Huhn (Tier)
dch'a sch'ā Huhn
  (Fleisch)
dchạ̈ä* aussteigen;
  besuchen; treffen
dchạ̈ä-nāng* besuchen
dch'ạ Tee
dch'ạng Norden
dch'ạk'ạng Teehaus
dchäädạa* Gebetsschal;
  Hada
dchaag'ọng* Preis
dchaalạ̈n* Antwort
dchaalạ̈n-nāng*
  antworten
dchaalòh-nāng* lesen
dchaapòh* Peperoni
dch'ẹh machen
dcheemàh später
dch'emākārā Zucker
dchermạ̈n Deutschland
dchermạ̈nkàh Deutsch

dchermạ̈nmi Deutscher
dchiṇg Hals (Nacken)
-dch'ö und (zwischen
  Tätigkeitswörtern)
dchọo-nāng* ankommen
dch'ọorinpō bei Buddha!
dch'olàh Bruder, älter
dch'omō* Nonne
dchoopō* dick (Person)
dchụ halten; nehmen
dch'ụng bekommen
dchuwā-nāng* halten;
  nehmen
dẹe hier
deg'àh diese (Mz.)
demih Schlüssel
denàh von hier
d'endr'àh so
dēpàh hier (in der
  Umgebung)
d'eri(ng) heute
dets'ō diese (Mz.)
dị das; dies
dọ Stein
dọng Gesicht
dōngnjänpō hässlich
dr'ạh gesund werden
drạ̈h Reis
dr'ạ̈n erinnern, sich
drangtsī Honig
dremō* alte Frau
drepā* alt (Person)
drepō* alter Mann
drịh Ordnung gehen, in
drịh-ss(ung) genug;
  Ordnung, in
dr'ị schreiben
drọ fahren; gehen

dr'ogō Freund
dr'okòh Bauch
dr'okòh gjạss(ung) satt sein
dr'okòh nagìh Bauchschmerzen haben
dr'okòh tōhgìh Hunger haben
dr'okòh-tòh hungrig sein
drǒn* anziehen (jmd.)
drọng* sterben
dr'ongmō Freundin
drönpō Gast
drugjüü Bhutan
drū- gehen
drū-schǒn fahren
dsạh hinaufklettern
-dü als; wenn
dụh gibt es; haben wir; ja
d'u(g)lòh Kleidung
dỵnma, sakoo Woche
dubssòh gjạb aufräumen
d'uglòh Kleider
dugtchàh böse; schlecht
duh hat

D'

d'ạ jetzt
d'alō Jahr, dieses
d'and'ọo noch (immer)
d'angpō erster
d'antä jetzt
d'arā Buttermilch
d'ẹb Buch
d'ütsòh Zeit

E

ēmtchī Arzt
ēmtchòh hören; Ohr
ēmtchòhnjän hören
ērīmā Pfeffer, roter

G

gạng-la oben
-gạng-la auf
gäämō Lachen
gäämō-gäh lachen
ganggā alle; alles
gänkòh alte Frau; alter Mann
gänlaa allgemeine Anredeform
gänpā alt (Person)
gapō-jǒh mögen
gjạb-la hinter
gjạh satt sein
gjääkàb Land; Staat
Gjaawä-Rinpūtschī* Dalai Lama
gjagạa(r) Indien
gjakàh Chinesisch
gjamī Chinese
gjamij mǟän chinesische Medizin
gjäntchā Schmuck
gjāgpā dick (Person)
gjogbō dchǟäjong bis bald!; bis gleich!
gjogbō bald; schnell
gjụh geh weg; weg
gjumàh Darm
gọh benötigen; haben wollen

G'

gọ Kopf; Tür
gogpā Knoblauch
gojụng k'ōrgìh sich schwindlig fühlen
gompā Kloster
go-ngā Ei
gonglō* Alter (Person)
gongpā-dsọh* sterben
gongpā-mātsüng* Entschuldigung
gongpā-ts'ōng* wütend werden
gongtch'ạa* Meinung
gụh-däh warten
gụh-schụh* warten
güü* Hals (Kehle)
gündchịng* Hals (Nacken)
gundrụm kāmpō Rosine
günkā Winter
güntch'ạm kunjēēpō* Erkältung
güntch'ạm kūlàh-kāpō* Erkältung
güntch'ạm-kjǒn* erkältet sein
güntch'ạm-schẹh* erkältet sein
güülō* Husten
güülō-kjǒn* husten

G'

g'adùh wann
g'agī welcher
g'alịj(gali) langsam; in aller Ruhe
g'alịjp'èh auf Wiedersehen (zum Gehenden)

g'aljschųh
auf Wiedersehen, auf (zum Bleibenden)
g'anàh woher
g'andràh wie
g'andràhss wie
g'ąng eine (Tasse etc.) voll
g'apąa wo; wohin
g'arē was
g'arējinna warum
g'atsàh wie viel
g'ǫ hören; verstehen; wissen
g'ön anziehen; tragen (Kleidung)
g'ǫng Preis
g'ǫng tch'impū teuer

J

jąa-ląng aufstehen
jąa-schąang* aufstehen
jāā leihen
jāākā Sommer
jāā-nāng* leihen
jąb* Vater
jāgsch'ā Yakfleisch
jàh rechts
jàh Yak
jigi Brief; Buchstabe
jin bin
jiņ bin
jinnąang trotzdem
Jischnìh-Norbū*
Dalai Lama
jǫh habe; ja
jǫhmare gibt es nicht; nein
jǫhre gibt es; ja

jǫng kommen, in Ordnung gehen
jǫng-a geht in Ordnung
jǫnggemare das geht nicht
jòh anziehen (jmd.)
jŏn links
joròp Europa
jųm* Mutter
jùgscho lass; schon gut
jùh wegwerfen
jū Türkis

K

kàh-tāng rufen
kāā(r)mā Minute
kāāmā Stern
kālàh erschöpft; müde
kāmŏŏ-nāng* sprechen
kāmpŏ dünn (Person)
kānggāri Fahrrad
kāngpā Bein; Fuß
kàtchā Gespräch
kàtchā-sch'àh sprechen
kē Hals (Kehle)
k'ēpŏ billig
kj'ī Hund
kjīpū angenehm; schön
kj'ǎǎnts'āpŏ eigenartig; komisch
kj'àh frieren (Person)
kjāgpā Mist; Notdurft
kj'èn* wissen
kjēmǎǎn Ehefrau; Frau
kj'ēnjih ihr beide
kj'ēntsō ihr (Mz.)
kj'ērāng* du; Sie
kj'ērāng-ge* dein; Ihr

kj'ērāng-la* dir; ihnen
kj'ērāngnāmpā* ihr (Mz.)
kj'ērāngnjih ihr beide
kj'ērāngtsō* ihr (Mz.)
kjēssā Geburtsort
kj'òh du
kj'ŏ̌njih ihr zwei
kj'ökā Ehemann; Mann
kj'ŏ̌rāng du
kjùh übergeben, sich
kjūmēē Übelkeit
kjūmēē langgìh
mir ist schlecht
kùb Hintern
kūdr'àh Adelsklasse; Adliger
kūgjąb* hinter
kūlūng-schąang*
wütend werden
kūnā-drepŏ* alt (Person)
kūndā* Ehefrau; Ehemann
kūndrŏn Gast
kū-ngǎǎ-ssō* sich ausruhen
kūngŏhlaa* alter Herr (Anrede)
kūnkj'àh-nāng* frieren (Person)
kūpāā* Foto
kūpāā-kjŏn*
fotografieren
küschāāng-nāng*
aufstehen
kūsch'ā-kāmpŏ dünn (Person)

kŭschòhlaa* Herr (Anrede)
kŭsch'ŭ Apfel
kŭssīī-nāng* frieren (Person)
kŭsùh* Befinden; Gesundheit; Körper
kŭsùh-depŏ* gesund
kŭsùh-t'ŭtchàh-nāng*
bleib gesund!
kŭtchī bitte (um etw.)
kŭtch'àh* Sachen
kŭtch'èh* Verwandte
kŭtr'àh* Blut
kŭts'àh* Fieber
kŭts'àh-jŏh* Fieber haben
kŭū absenden
kŭū-nāng* absenden

K'

k'ǟǟmā Nieren
k'ǟǟssā gestern
k'àm Ost-Tibet
k'ǟnīngkā vorgestern
k'ǟ Mund
k'ǟ kŏmgìh Durst haben
k'ǟ(r)tùh geradeaus
k'ǟlàh Essen; Mahlzeit
k'ǟlàh-sa essen
k'ǟmkàh Ost-Tibetisch
k'ǟmpā Ost-Tibeter
k'ǟmpū tibetischer Pfirsich
k'ǟnglā Zimmermiete
k'ǟngmìh Zimmer
k'ǟngpā Haus
k'ǟpāā Telefon

k'ǟpāā-gjab telefonieren
k'ātàh Gebetsschal
k'ātàh Hada
k'ātchī muslim. Tibeter
k'ŏ er
k'ŏŏ sein (Besitz)
kŏm durstig sein; trocken sein
k'ŏng* er; sie (Ez.)
k'ŏng-ge* ihr (Besitz, Ez.); sein (Besitz)
k'ŏng-la* ihm; ihr (Ez.)
k'ŏngnjih* sie beide
k'ŏngtsŏ* sie (Mz.)
k'ŏngtsŏŏ*
ihr (Besitz, Mz.)
k'ŏnjih sie beide
k'ŏrāng* er
k'ŏrāng-ge sein (Besitz)
k'ŏrāngnāmpā*
sie (Mz.)
k'ŏtsō sie (Mz.)
k'ŏtsŏŏ ihr (Besitz, Mz.)

L

-lä als (Vergleich); nur (nicht)
la mään nein danke
lab sagen
län Antwort
lang aufstehen
län-gjab antworten
lääkā Arbeit
laa-oohng* ja
làb unterrichten
làb-nāng* unterrichten
lagkj'ee Ausweis
lagpā Arm

lagpā Hand
làh liegen lassen; verlieren
lamjìh Reiseerlaubnis
lamkàh Weg
lamssang gleich
lā Miete; mieten; Pass (Berg)
la-oohng ja
lābdrā Schule
lābdrāwā Schüler; Student
lāmkàh Straße
lāmssang gleich; sofort
lāngsch'ā Rindfleisch
lap'ùh Rübe
lèb ankommen
lèh-ss* ja
lēn halten; nehmen
lhāk'āng Tempel, buddh.
lhāmŏ Oper, tibetisch
lhāssā Lhasa
lhāssākàh Lhasa-Dialekt
lhāssāmi
Lhasa-Einwohner
li Birne
loh-dro zurückgehen
loh-jong zurückkommen
loh-p'èh* zurückgehen; zurückkommen
lo Alter (Person); Jahr
lòh Lampe; lesen
lō Husten
lō gjabgìh Husten haben
lōbdchōng gjab lernen
lō-gjab husten
lōgschū Lampe
lōowā Lunge
lossaa Neujahr, tibetisch
luh Schaf
lugsch'ā Lammfleisch

lùh einfüllen
lungpā Gegend; Landstrich; Ort

M

mìgsch'ēē Brille
mạ̈h ich habe nicht; nein
mạa hinunter; Yakbutter
mạa-dạ̈h setzen, sich
mạ̈än nein
mạ̈än Medizin
mạ̈änk'āng Krankenhaus
ma-g'ong-la bevor
maa-schuh* setzen, sich
mangpō viel
mā Verletzung; Wunde
mā sọ̈hdchung verletzt sein
marèh nein
marē nein; ist nicht
maschī aber
-matòh auf Wiedersehen
mẹ Feuer
mendā Gewehr
mesch'iņg Brennholz
metòh Blume
mji anderer Leute (Dinge)
mj jemand; Mensch; Person
mìh Auge
miņg Name
mindùh gibt es nicht; haben wir nicht; nein
ming(la) Name; Bezeichnung
mọ̈ö ihr (Besitz, Mz.)
mọ sie (Ez.)

modrā Auto; Bus; Fahrzeug; Wagen
mogòh nein
mōmòh Teigtaschen
mōōlaa* Großmutter
morạng sie (Ez.)
morạng-ge ihr (Besitz, Ez.)

N

-na falls; wenn
-nä und (zwischen Tätigkeitswörtern)
nạng drinnen
nạng-la in
nạ krank sein; schmerzen
namsā* Kleidung
nàngnjinkā übermorgen
naniņg Jahr, letztes
nākùh Nase
nām* halten; nehmen
nämsch'ih Wetter
nāng* geben; machen; schenken
nāngd'a* bitte, ...
nāngronang* bitte, ...
nats'ā Krankheit; Schmerzen
nga(rạng)tsōö uns; unser
ngạa mir
ngạ̈ä mein
ngạ ich
ngạ̈ämàh früher
ngạ̈änmàh letzte
ngäässo-gjạb sich ausruhen
nganjih wir beide

ngantsō wir (exklusiv Angesprochene)
ngarạngtsō wir (inklusive Angesprochene)
ngọ-kj'èn* kennen
ngọ-sch'èh kennen
-ngọ̈ön-la Geld
ngū̃ū̃ Geld
ngū̃ū̃ Silber
njīlām Traum
njing Herz
njingdchēpō schön
njingtchēpō hübsch
njīnjīīlaa* Mädchen
njạ̈ä schlafen
njạ̈ässā Schlafstelle
njạ Fisch
njääk'ạng Herberge
njääkàh-drọ schlafen gehen
njää-k'ùh* einschlafen
njạ̈älām* Traum
njạ̈ä-ssàh* aufwachen
njäätch'àh Bettzeug
njäätrī Bett
njạ̈n* Ohr
njạ̈ntchòh* Ohr
njạ̈ntchòh-ssạ̈n* hören
njämpōō gemeinsam; mit; zusammen
njasch'ā Fisch (als Gericht)
njēēpō-nāng* mögen
njíh-k'ùh einschlafen
njíh-ssàh aufwachen
njimā Sonne; Tag
njin-gụng Mittag
njọ einkaufen; kaufen
njūng* krank
njūngschī* Krankheit

nor falsch sein
norscha falsch
nub Westen
nūm Speiseöl

O

oohng ja
oohngss ja
o(g)màh Bruder (jüngerer)
omàh Schwester (jünger)
omā Milch
ōōlaa* Schwester
(jünger); Bruder (jüngerer)

P

p'īng Glasnudeln
pīngsch'òh Film
pīngsch'òh tr'ū Film
entwickeln
pǟǟts'ǟǟ Chinakohl
pàh Tsampaspeise
p'āā(-ts) dorthin
p'āā-gjuh geh weg
pāālaa* Vater
pāāsē Reiseerlaubnis
p'āgī das dort
p'ājūū Heimat
pāssē Pass (Papier)
pār Bild; Foto
pār-gjab fotografieren
pārtch'àh Fotoapparat
pāssē Ausweispapiere;
Ticket
p'èh* fahren; gehen;
kommen
pē Buch

pìh abnehmen; ausziehen
(Kleider)
p'ōārībū Pfeffer
p'ōō Magen
pōōlaa* Großvater
pǔn-gjàh Geschwister;
Verwandte
pǔntchàh Verwandte
pǔk'ū Kind
p'ǖǖ schenken

R

rang du
re ist
re sind
reh ja, so ist es
rilī Zug
ringpō lang
rogpā-dch'ed'a Hilfe!
roh Hilfe
-roh-dch'i bitte
-roh-nang* bitte

S

sīmgō* Tür
sīmschū* Lampe
säh essen
sa essen
sajàh Essbares
sak'ang Esshaus; kleines
Restaurant
sch'ī sterben
schang außer
schab* Bein; Fuß
schǟǟ* Gesicht
schǟǟ* Mund

sch'àh sagen; sprechen
schääkjùh-nāng*
sich übergeben
schäälàh* Essen;
Mahlzeit
schäälàh-scheh* essen
schäälàh-tch'òh* essen
schäämō* Lachen
schäämō-schäh* lachen
schääpaa* Telefon
schääpaa-kjōn*
telefonieren
schääràh* Gesicht
schääsch'ee* Spiegel
schäät'ang* Rollbild;
Thangka
sch'àh* sterben
schamō Hut; Mütze
sch'àng* Nase
sch'ā Fleisch
sch'āā Osten
sch'āākjàh geradeaus
sch'āmō Pilze
scheh* anziehen (sich);
essen; nehmen; tragen
(Kleidung); trinken
scheeb'àh* Brot
scheet'àh* Zigarette
scheet'àh-scheh*
rauchen
sch'èh wissen
schēdraa sehr
sch'ēēkō Spiegel
schimī Katze
schimpū lecker
sch'ing können
schipū-tch(i) sehr
schit'ur Löffel

schön fahren (Fahrrad); reiten

schǫ Jogurt

sch'òh komm!

schokàh Morgen; Vormittag

schokòh Kartoffel

schokòh-k'ālàh Kartoffeleintopf

schoomē* Feuer

schụh* sich aufhalten; bleiben; sitzen; wohnen

schugdän-dchạhg'o* setz dich bitte

schuh-a Wiedersehen (zum Bleibenden)

schumạa Lampe

schussää-k'ādchāng* Adresse

schuusch'iŋg* Brennholz

sẹ heißen

sịh* einkaufen; kaufen; sehen

sịm halten; nehmen

simkàh-p'èh* schlafen gehen

simkj'ī* Hund

simtch'àh* Bettzeug

simtrī* Bett

sọh machen

sǫ machen

soschòh Käse

ssī abnehmen (Hut)

ssàh* Sohn

ssǎn* hören

ssāmlō-tāng nachdenken

ssāmtch'āā Meinung

ssāngnjin morgen

ssāngnjin dchạäjong bis morgen

ssāngtchòh Toilette

ssātārkā Erdnuss

ssātchā Ort; Platz

ssēē(r) Gold

ssēpǎn Pepperoni

ssō Zahn

ssȫȫdch'ā* Tee

ssȫȫdròh-tròng* hungrig sein

ssȫȫdròh* Bauch

ssȫȫmǎän* Medizin

ssȫȫschō* Jogurt

ssȫssō selber

ssȫȫtchòh Tisch

ssȫȫtrùm* Fleisch

ssǚ* ausziehen (Kleider)

ssǚ wer

ssūng* sagen

ssūngkàh Gespräch

ssūng-nāng* rufen

ssūū wem

ssǔū wessen

ssǔǔt'àb* Küche

ssüüts'ih* Mahlzeit

sugū Befinden; Gesundheit; Körper

sugū-depō gesund

t'àh* fahren; gehen

t'àh Entfernung

t'àh ringpō weit

t'ǎkā geradeaus

tā ansehen; Pferd; sehen

t'ābtsāng Küche

t'āmàh Zigarette

t'āmàh-t'ēn rauchen

t'āngkā Rollbild; Thangka

tārkā Nuss

tch(i) Mal (ein-)

tch'ī abwischen

tch'īlòh-gjạb umkehren

tch'ībpā* Pferd

tch'ībtā Pferd

tch'ibtch'ēn* Pferd

tchidēläkùng* Polizei

tch'igjǎä jmd. aufsuchen; Ausland; der Westen

tchīkā Frühling

tch'īlòh-gjạb umkehren

tch'īlòh-la draußen

tch'īmpā Leber

tch'īmts'àh Hepatitis

tch'àb* Wasser

tch'àh* Arm; Hand

tchamküschòh* Dame

tchän* Auge

tchǎnsch'ēē* Brille

tch'āā-ngǔǔ* Geld

tch'āäpe* Buch

tch'āārìh* Brief

tch'āārih* Buchstabe

tch'āātsòh* Armbanduhr

tch'ābgǎā-nāng* baden

tch'ābscho* Milch

tch'ābssāng* Toilette

tch'ābtsch'ēn* Notdurft

tch'ālàh* Arbeit

tchālàh Sachen

tchām* Dame; Frau

tchämküschòh* Frau

tch'āmpā Erkältung

tch'āmpā gjabschā erkältet sein

tch'āmpā-gjạb erkältet sein

tch'āndā* Gewehr

tch'āng Bier

tchāng-jūū Sojasoße
tch'āngssā Heirat
tch'āp'èh-nāng*
ankommen
tchār* besuchen
tch'ēkā Hälfte
tch'ib* reiten
tch'öh* anziehen (sich);
essen; trinken
tch'öhlaa* Nonne
tchōgtsē Tisch
tch'öhtch'ēn
Reiseerlaubnis
tch'ŏtch'āng* Alkohol;
Bier
tch'ū Wasser
tch'ū-gäā baden
tch'ügūndrūm
Weintraube
tch'ūkōm Käse
tch'ūrā Käse
tch'ŭtsöh Armbanduhr
tìg-ts bisschen; wenig
tìg-ts gụh Gleich!;
Moment
tòh hungrig sein
tŏnkā Herbst
tōngpā leer
t'ōōng erblicken; sehen
t'ōtch'àh danke!
t'ōtch'àhnāng*
vielen Dank
t'ōtch'ē danke!
t'ōtch'ētsch'ē danke!
tràh geben; schenken
tr'àh Blut
trănmā Bohne
trănrīī Erbse
trā Haar
tr'ih jmd. führen

tr'ih mitnehmen, jmd.
-tr'ih-la neben
tròng* hungrig sein
tr'ōm Markt; Stand
trōmātrō Tomate
tr'ū waschen
tr'ūmsih-nāng*
einkaufen
tr'ūng-ssāā* Geburtsort
ts'īgpā-sạ wütend werden
ts'āā Gemüse; suchen
ts'āān Nacht; Name
ts'ā Salz
ts'āā zu Ende sein
ts'āāss(ung) fertig
ts'ālūmā Mandarine
tsāmpā geröstetes
Gerstenmehl
-tsāng weil
ts'āngmā alle
ts'ārpō* schön
ts'āwā Fieber; Hitze
ts'āwā du Fieber haben
ts'āwā-gjạb Fieber haben
tschāngpō klug
tsōgpā dreckig
tsōng Zwiebel
ts'ōng verkaufen
ts'ōngk'āng Laden
tsŭnmā* Nonne
tsūū Essig
tùh* Herz
t'ùh-tschāngpō* klug
t'ügpā Nudeln
t'ūmāā Löffel
t'ūng trinken
tūtchĭtch'ī danke!
t'ūūdr'ằn-ssō* sich
erinnern
t'ūūnjing* Herz

t'ūūrùh-nāng* fleißig

ū* Kopf
ùh-tāng atmen
ūschā* Hut, Mütze
ūtrā* Haar

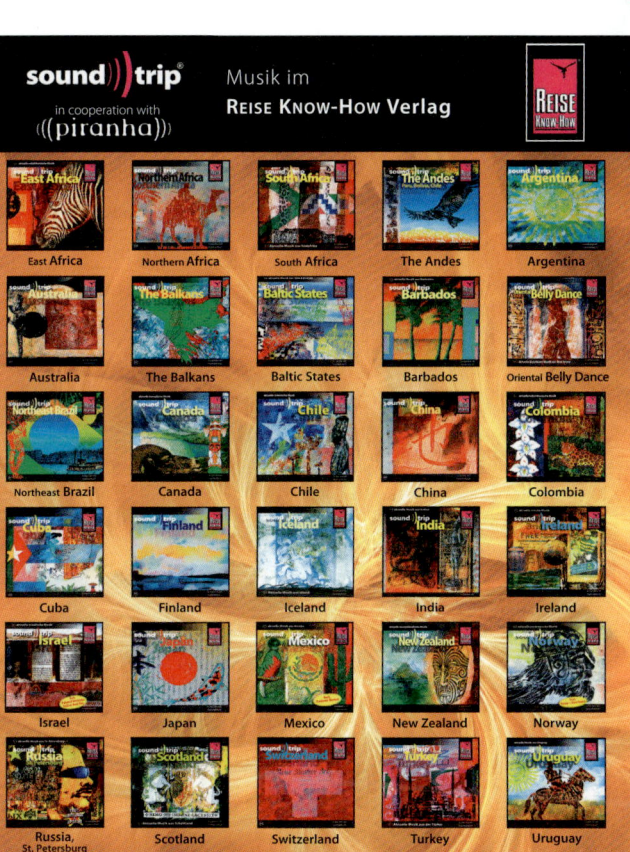

Der Autor

Florian Reissinger, Jahrgang 1954. Studium, Beruf und Hobby: Sprachen und noch einmal Sprachen. 6 Jahre in Asien, Berufsdolmetscher für Chinesisch, derzeit freiberuflich in Michendorf bei Berlin, verheiratet mit Puntsodegi Goranangba aus Lhasa. Vier Kinder.